IRLAND

Eine visuelle Rundreise durch die irischen Grafschaften

Gill & Macmillan
Hume Avenue, Park West, Dublin 12

www.gillmacmillanbooks.ie

Text © Gill & Macmillan 2014
Design © Teapot Press Ltd 2014

Fotografie-Kredite finden Sie auf Seite 128

ISBN: 978-0-7171-5748-8

Dieses Buch wurde für Gill & Macmillan
von Teapot Press Ltd hergestellt.

Bildrecherche von Jen Patton
Übersetzung von Gundhild Lenz-Mulligan
Entworfen von Tony Potter

Gedruckt in PRC

Gesetzt in Dax

5 4 3 2

IRLAND

PROVINZEN & GRAFSCHAFTEN

Irland wurde in der Vergangenheit in vier Provinzen aufgeteilt: Leinster, Ulster, Munster und Connacht. Diese irischen Provinzen haben keine administrativen oder politischen Aufgaben, sondern entsprechen historischen und kulturellen Überlieferungen. Jede Provinz ist weiter in Grafschaften unterteilt.

NORTHERN IRELAND

DONEGAL

DERRY

ANTRIM

ULSTER

TYRONE

DOWN

FERMANAGH

ARMAGH

MONAGHAN

SLIGO

LEITRIM

CAVAN

MAYO

LOUTH

ROSCOMMON

LONGFORD

CONNACHT

MEATH

WESTMEATH

GALWAY

OFFALY

DUBLIN

KILDARE

LEINSTER

REPUBLIC OF IRELAND

WICKLOW

LAOIS

CLARE

CARLOW

TIPPERARY

KILKENNY

LIMERICK

WEXFORD

MUNSTER

WATERFORD

KERRY

CORK

Das irische Wort für diese territorial Aufteilunge, cúige, bedeutet wörtlich 'fünfter Teil' und weist darauf hin, dass es einmal fünf Provinzen gab, die fünfte, Meath, wurde Leinster zugeschlagen; einige Teile gingen auch nach Ulster.

4

LEINSTER

Der Zahl der Grafschaften nach ist Leinster die Größte der vier Provinzen, aber nur die Drittgrößte der Fläche nach. Mit dem Shannon als westlicher Grenze nimmt sie das Landesinnere und den Südosten der Insel ein. Abgesehen vom Landesinnern, wo es größere Gebiete mit Moor gibt, ist die Provinz zum größten Teil fruchtbar. Dies trifft besonders auf das flache Weideland in der Nähe von Dublin, die Grafschaften Kildare und Meath und die Flusstäler im Südosten zu. Im Süden der Hauptstadt wird die Küsten-Grafschaft Wicklow von bergigem Gelände dominiert. Einst Rückzugsort gälischer Aufständischer, die für die kleine Stadt eine Bedrohung darstellten, ist es in neuerer Zeit ein Erholungsort an den südlichen Rändern der Stadt geworden: der Garten von Irland.

Die Provinz, wie auch die Insel, wird von der Hauptstadt dominiert. In Dublin wohnt jeder dritte Einwohner der Republik. Die Stadt ist das politische, administrative, rechtliche, kulturelle und pädagogische Zentrum des Staats. Seit tausend Jahren ist sie der bevölkerungsreichste Teil der Insel. Ursprünglich eine Gründung der Wikinger, verdankt sie ihre Vormachtstellung zwei einander bedingenden Tatsachen: sie bietet einen der besten Häfen für den Handel entlang der Ostküste und ist zugleich die kürzeste und angenehmste Verbindung nach Großbritannien.

Wie in vielen anderen Großstädten auch, hat dies entsprechenden Einstellungen Vorschub geleistet. So neigen die Dubliner dazu, den Rest der Bevölkerung als Provinzler zu betrachten ("Culchies" im lokalen Jargon, was jemanden aus der Einöde oder vom Land bezeichnet). Die "Culchies" stehen dem aber in nichts nach und nennen die Dubliner "Jakeens", d.h. "kleine Jacks", (mit Jack ist John Bull gemeint, der Spitzname eines Engländers). Kurzum, Dublin steht im Ruch, ein wenig englisch zu sein und dadurch nicht irisch genug.

Das ist alles schön und gut, aber wie bei allen Übertreibungen steckt auch ein Körnchen Wahrheit dahinter. Das moderne Dublin nämlich, das heißt die klassische Stadt, die sich seit dem späten 17. Jahrhundert entwickelte, war das Werk einer englischen Kolonialelite. Ihre Angehörigen wurden in Irland nach der endgültigen Unterwerfung der Insel durch die englische Übermacht unter Cromwell neu angesiedelt. Diese Elite entwickelte allmählich einen ähnlich gearteten kolonialen Nationalismus wie die Engländer in Nordamerika oder die Spanier in Südamerika. Die Vereinigten Staaten waren jedoch weit weg von Europa, und Irland liegt nah bei England. Die Anglo-Iren waren schon immer ein Bindestrich-Stamm. Während ihr Beitrag für Irland unübersehbar ist, wurde aber auch ihre emotionale Bindung nach England nie zerstört.

In der Tat, als sich der moderne irische Nationalismus im Gefolge der französischen Revolution entwickelte, gab es einen großen Unterschied. Die meisten seiner Anhänger waren Katholiken, die sich enteignet fühlten, was auf die Landnahme unter Cromwell 200 Jahre zuvor zurückging. Die anglo-irischen Grundbesitzer, Nachfahren der Siedler Cromwells, waren hingegen Protestanten anglikanischen Glaubens. So entstand die Zweiteilung, die Irland im 19. Jahrhundert prägte: die meisten Nationalisten waren Katholiken, die die Verbindung mit England lösen oder brechen wollten; die meisten

DONEGAL

DERRY

ANTRIM

ULSTER

TYRONE

DOWN

FERMANAGH

ARMAGH

MONAGHAN

SLIGO

LEITRIM

CAVAN

MAYO

LOUTH

ROSCOMMON

LONGFORD

MEATH

CONNACHT

WESTMEATH

OFFALY

DUBLIN

KILDARE

GALWAY

LEINSTER

WICKLOW

LAOIS

CLARE

CARLOW

TIPPERARY

KILKENNY

LIMERICK

WEXFORD

MUNSTER

WATERFORD

KERRY

CORK

LEINSTER

Protestanten waren Unionisten, die die Verbindung stärken und sichern wollten.

Der Nationalismus entwickelte sich am schnellsten in Leinster und Munster, etwa östlich einer Linie von Dublin nach Cork. Der Grund hierfür war, dass diese relativ reichen Gebiete mit gutem Land und größeren landwirtschaftlichen Betrieben sozial wie wirtschaftlich weiter entwickelt waren.

Trotz allem hat Leinster eine weniger einheitliche Prägung als die drei anderen Provinzen. Ulster hat seine ganz eigenen Besonderheiten. Wenn wir an das Land von Mythen und Phantasie denken, das wir einfach Westirland nennen, denken wir vorrangig an die Provinz Connacht. Munster ist geprägt von einem unverwechselbaren Gefühl seiner Einmaligkeit, die durch Sport – Hurling und Rugby – gekennzeichnet ist, aber auch durch trotzige Prahlereien, zu denen auch gehört, dass sich Cork selbst als Volksrepublik bezeichnet. Hier tut man sogar so, als erscheine die regionale Tageszeitung, der Irish Examiner, überregional, obwohl fast alle Exemplare in Munster verkauft werden. Leinster hat keins dieser Dinge nötig und wenig Sinn für provinzielle Alleinstellungsmerkmale.

Vielleicht ist die Provinz einfach zu weitläufig. Sie umfasst 12 Grafschaften, mehr als jede andere Provinz, und erstreckt sich von den Ausläufern Südulsters westlich zum Shannon und runter bis zur südöstlichen Ecke der Insel im County Wexford. Das ist ein sehr variantenreiches Gebiet für eine Insel, auf der schon kleine örtliche Unterschiede eine große Rolle spielen können. Das mag für die Grafschaften im Landesinnern gelten, aber nicht für die Flusstäler und die Südostküste, und dennoch befinden sich alle unter Leinsters

Dach. Oder vielleicht fasst Dublin einfach all diese Widersprüche der Provinz zusammen und löst sie auf. Wie auch immer, es würde wenig Sinn machen, von einem einheitlichen Charakter Leinsters zu sprechen, vergleichbar dem in den anderen Provinzen.

Hier findet man viele der Sehenswürdigkeiten, die die Besucher nach Irland locken; wir können an dieser Stelle jedoch nicht alle aufführen. Einige sollten aber erwähnt werden. In Dublin kommen die meisten Besucher an und fahren auch von hier wieder ab. Es weist einige bemerkenswerte Schauplätze auf. Die großartigen Georgian Squares etwa haben zum Glück die Veränderungen durch Stadtentwickler überstanden. Trinity College ist eins der schönsten Universitätsgelände auf der Welt. In seiner Bibliothek findet man die weltberühmte Handschrift Book of Kells. Im Guinness Storehouse huldigt man auf einem umgebauten alten Industriegelände auf beeindruckende Weise dem Trunk, mit dem viele Irland verbinden; manchmal zum Leidwesen jener, die meinen, dass eine zu enge Verbindung zwischen Irland und Zecherei dem nationalen Image abträglich ist.

Ungefähr 30 Kilometer nördlich von Dublin, im Boyne Valley, kann man das Ganggrab von Newgrange bestaunen. Es wird auf ca. 3.000 v. Chr. geschätzt, das heißt, es ist so alt wie die ägyptischen Pyramiden. Es gilt zu Recht als eins der berühmtesten prähistorischen Denkmäler in Westeuropa. Südlich der Stadt, tief in den Wicklow Mountains, findet man das wunderschöne Tal von Glendalough mit den beeindruckenden Ruinen einer Klosteranlage, deren Ursprung im 7. Jahrhundert liegt. Weiter südlich, am Ufer des River Nore, kann man sich an der Stadt Kilkenny erfreuen. Auch die kleinen Städte und Dörfer weiter unten am Nore haben viel Charme und Persönlichkeit. Und auch wenn im Bewusstsein mancher dies keine Ecke Irlands ist, die man normalerweise mit Tourismus in Verbindung bringt, lohnt es sich doch auf jeden Fall, hier etwas Zeit zu verbringen.

Alles in allem ist Leinster eine sehr abwechslungsreiche Provinz, deren Flair schwer auf einen Punkt zu bringen ist. Dublin dominiert zwar das Bild, aber immer wieder finden sich Ecken in der Provinz, an denen man sich weit weg von Dublin fühlt – zumindest geistig, wenn auch nicht geographisch.

Sonnenuntergang an der unteren Liffey, Dublin.

Die Samuel Beckett Bridge am Unterlauf des ▲
Flusses Liffey wurde entworfen von Santiago
Calatrava und ist eines der beeindruckendsten
Bauwerke der Stadtlandschaft.

◄ Dublin's Grand Canal ist
nicht außergewöhnlich,
hat aber viel Charme,
besonders der Abschnitt
zwischen Leeson Street
Bridge und Mount Street
Bridge.

Die Stadt ist zu
Recht berühmt
für ihre Pubs wie
diesen, The Temple
Bar, im Herzen des
gleichnamigen
Vergnügungsviertels.

▼

Das prächtige Denkmal für Oscar Wilde, eine Arbeit von Danny Osborne, schmückt die nordwestliche Ecke des Merrion Square.

St Stephen's Green, der beliebteste Stadtpark.

Die prächtige Westfront des Trinity College stammt aus dem Jahr 1759.

Der Fluss Liffey bei Nacht, flussabwärts betrachtet. Im Vordergrund sieht man die Millennium Bridge mit der geschwungenen Ha'penny Bridge im Hintergrund. Dahinter befindet sich in der Mitte das Custom House, links flankiert von der Liberty Hall und rechts vom O'Connell Bridge House, einem von Dublins weniger geglückten Experimenten der architektonischen Moderne. ▲

The Spire steht, wo einst Nelson's Säule stand, ehe sie 1966 in die Luft flog. Übers Spire scheiden sich, vorsichtig formuliert, die Geister. ◄

O'Connell Bridge im Herzen der Stadt. Auffällig an ihr ist, dass sie so breit wie lang ist. ►

Christ Church Cathedral im Herzen der alten Wikingerstadt. Das heutige Gebäude wurde zum größten Teil im 19. Jahrhundert restauriert. Der Kapitelsaal links und die Verbindungsbrücke wurden bei diesem Umbau hinzugefügt. Der links stehende stolze Turm gehört nicht zur Kathedrale, sondern zur benachbarten St Audeon Kirche.

Temple Bar ist die Vergnügungsmeile der Stadt und ein Touristenmekka, sehr kompakt und fast völlig autofrei. Bis zu ihrem Bau 1980 war die Gegend ziemlich verfallen. Temple Bar ist ein Symbol für die Stadterneuerung und für das Zukunftspotenzial der Stadt. ▶

The General Post Office in der O'Connell Street war das Hauptquartier der Anführer des Osteraufstands von 1916, der den Prozess, der schließlich zur irischen Unabhängigkeit führte, in Gang setzte. ▼

DUBLIN

Das Boer War Memorial für die Männer der Royal Dublin Fusiliers (RDF) am Haupteingang vom St Stephen's Green. Da die RDF auf Seiten der britischen Armee kämpfte, wird es manchmal verächtlich Verrätertor genannt. ◄

Sonnenuntergang an der unteren Liffey, mit der Samuel Beckett Bridge links und der abgewinkelten Trommel des National Conference Centre rechts. ▼

DUBLIN

◄ Grafton Street, die vornehmste Einkaufsstraße der Stadt.

▲ Georgianische Eleganz.

DUBLIN

Regierungsgebäude im Herzen Dublins. Es wurde ursprünglich für das Royal College of Science gebaut und war das letzte große öffentliche Gebäude, das in britischen Tagen errichtet wurde. Es stammt von 1911 und wurde in den 1980ern aufwändig restauriert und erneuert.

16

▲ Malahide Castle im Norden der Stadt war über Jahrhunderte Heimat der Familie Talbot, einer der einflußreichsten hiberno-normannischen Familien, die sich seit dem 12. Jahrhundert in Irland niederließen.

Diese Statue des verstorbenen Phil Lynott, Sänger und Gitarrist von "Thin Lizzy", erinnert an einen von Dublins beliebtesten Rockmusikern. ▶

Eindrucksvoller Blick auf Howth Harbour. Das Dorf und der Vorort von Howth befinden sich am Ende des nördlichen Arms der Dublin Bay. Es ist ein Fischereihafen sowie ein beliebter Ort für Freizeitsegler, wie man am Jachthafen im Vordergrund erkennen kann. Im Hintergrund liegt die Insel Ireland's Eye.

Für viele ist James ▲
Gandons Custom House
(1791) das schönste
klassische Gebäude
in Dublin. Es steht
stromabwärts am
Nordufer der Liffey.

◄ Vorplatz des Trinity
College. Der Glockenturm
steht im Zentrum, flankiert
auf der linken Seite vom
Graduates' Memorial
Building und rechts von
der alten Bibliothek, in
der man das Book of Kells

Dún Laoghaire ist ein wohlhabender Vorort und Fährhafen im Süden der Stadt. Er hieß ursprünglich Kingstown zum Gedenken an den Besuch von König George IV im Jahr 1821. Leider war der König zu betrunken, um an Land gebracht zu werden. Damit sein Zustand der wartenden Menge nicht auffiel, brachte man ihn deshalb zur anderen Seite der Bucht nach Howth und schmuggelte ihn dort an Land.

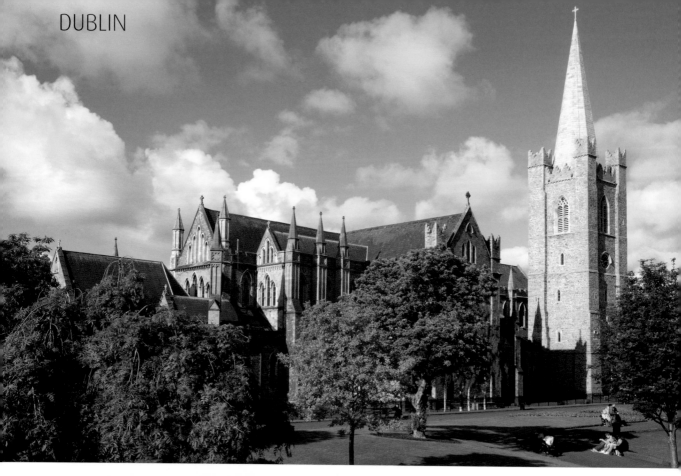

St Patrick's Cathedral, die ▲ wichtigste Kathedrale der Church of Ireland, stammt aus dem 13. Jahrhundert und stand ursprünglich außerhalb der alten Stadtmauern.

◄

Der überwältigende Long Room in der alten Bibliothek des Trinity College, eine der bedeutendsten Bibliotheken der Welt. Das ursprüngliche Gebäude hatte ein Flachdach. Das Tonnengewölbe, das an dem Gebäude auffällt, war ein viktorianischer Zusatz. Es ist ernüchternd, dass dies heutzutage angesichts moderner Bauvorschriften verboten wäre.

DUBLIN

Dublin Castle war Jahrhunderte lang das Herzstück der britischen Macht in Irland. Es handelt sich hier mehr um eine zusammengewürfelte Sammlung von Verwaltungsgebäuden aus verschiedenen Epochen, als um ein Schloss in der eigentlichen Wortbedeutung.

James Gandons großes Dubliner Meisterwerk, die Four Courts, steht flussaufwärts von der Innenstadt aus am nördlichen Ufer des Flusses.

Teilnehmer am Tall Ships' Race, vertäut an der unteren Liffey.

◄ Das Dorf Avoca im Herzen des County Wicklow.

Die Mount Usher Gardens in Ashford, County Wicklow, sind das ganze Jahr über eine Freude. ►

The Meeting of the Waters ist Thema einer der berühmtesten Balladen von Thomas Moore: "There is not in this wide world a valley so sweet/As the vale in whose bosom the bright waters meet". "Es gibt nicht in der weiten Welt ein Tal, das so süß ist wie dieses, in dessen Busen das helle Wasser sich trifft." Die Flüsse sind der Avonbeg links und der Avonmore rechts.

In der Mitte der Wicklow Mountains ist die Sally Gap der Punkt, an dem sich vier Straßen treffen.

Der Wasserfall bei Glenmacnass. Es ist kaum zu glauben, dass man weniger als eine Stunde mit dem Auto von Dublin entfernt ist.

Mount Usher Gardens in Ashford, Co. Wicklow.

24

Glendalough in den Wicklow Mountains ist sowohl ein schönes Tal als auch eine alte Klosteranlage.

Der obere See bei Glendalough.

Der Rundturm bei Glendalough stammt aus dem 10. Jahrhundert.

Powerscourt, eins der ▲
großartigen Landhäuser Irlands,
steht in der Nähe von Enniskerry
im Norden des County Wicklow.

Blick auf den Great Sugar Loaf
Berg von der Vorderseite des
Powerscourt.
◄

Eine Abendszene am Hafen in der
Stadt Wicklow.

Avondale House, Stammsitz ▲
des Patrioten Charles Stewart
Parnell.

◄

Kilruddery House in der Nähe
von Bray war die Heimat der
Earls of Meath.

Die Hauptstraße der
Stadt Wicklow. ▼

The Crescent im Herzen der Stadt Wexford, County Wexford, war der Hauptschauplatz des irischen Aufstands von 1798 gegen die britische Herrschaft. Die Rebellen hielten die Stadt fast einen Monat. Wexford liegt an der Mündung des Flusses Slaney. Im Mittelpunkt des Crescent befindet sich ein Standbild von Commodore James Barry (1745-1803), dem "Vater der amerikanischen Marine", der in der Nähe geboren war. Auf diesem Photo kann man es als Silhouette an der Giebelwand in mittlerer Entfernung sehen.

Die Stadt Enniscorthy liegt mitten im County Wexford. An den Hängen des Vinegar Hill, direkt oberhalb der Stadt, fand die letzte und entscheidende Schlacht des 1798er Aufstands statt.

Die Hook Peninsula liegt an der Südspitze des
County Wexford, und ihr Leuchtturm ist ein Merkmal
dieser abgelegenen, aber wunderschönen Gegend.

Strohgedeckte Katen im
hübschen Dorf Kilmore
Quay.

▲ Johnston Castle
beherbergt
heutzutage das Irish
Agricultural Museum.
Es war ursprünglich
im frühen 19.
Jahrhundert als eine
Landhaus-Residenz
in dem damals
beliebten Gothic
Revival Stil gebaut
worden.

Schaufenster in der
Stadt Wexford. ▶

◄ Duncannon auf der Wexford-Seite der Mündung ist eine Festungsanlage, die aus dem späten 16. Jahrhundert stammt. Sie war überlebensnotwendiger Bestandteil der Verteidigung dieser wichtigen Waserstraße, dem Durchgang zum Südosten Irlands.

Das kleine Dorf Ballyhack liegt im Westen der Grafschaft am östlichen Ufer der Barrow-Mündung. Eine Fähre verbindet diesen Mündungsbereich mit Passage East auf der Seite des County Waterford. ▼

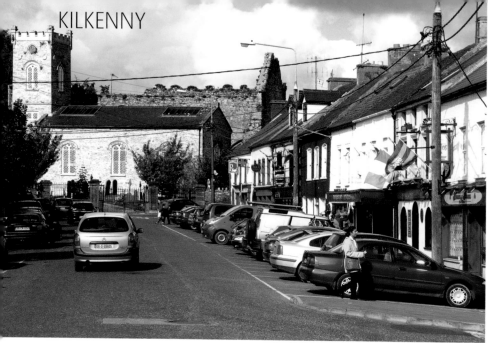

Thomastown, eine der vielen attraktiven Städte am Unterlauf des Nore. Der Nore ist einer der drei Schwester-Flüsse, die den Südosten entwässern und in der großen Mündung unterhalb Waterfords zusammenfließen. Die anderen sind der Suir und der Barrow, von dem die Nore ein Nebenfluss ist.

Kilkenny Castle befand ▲ sich bis 1967 im Besitz der mächtigen Familie Butler, deren Stammsitz es war. 1967 vermachte sie es dem Staat.

Inistioge ist möglicherweise das schönste der Nore-Dörfer.

KILKENNY

Der Tholsel im Herzen der Stadt Kilkenny. Ein Tholsel war ursprünglich eine Mautstelle und wurde später zu einer Stadthalle oder einem Rathaus umfunktioniert.

St Canice's Cathedral in der Stadt Kilkenny.

KILKENNY

Der Nore bei Kilkenny.

Die Brücke bei ▲
Graiguenamanagh
im Osten des County
Kilkenny am Barrow.

◄

Weites Land bei
Graiguenamanagh.

Rothe House ist eines
der ältesten Gebäude
in Kilkenny und
stammt von 1594. ▶

CARLOW

◄ Der Barrow in der Nähe von Borris, County Carlow.

Bagenalstown, County Carlow, ist eine jener irischen Städte, deren Name nach der Unabhängigkeit gälisiert wurde. Einige irische Sprachformen wurden übernommen, andere nicht. Diese gehört zu den letzteren. Nur wenige benutzen Muine Bheag, den offiziellen Namen. Stattdessen erinnert man sich an seinen Gründer, Lord Walter Bagenall, Stadtgründer und Mitglied einer der bedeutendsten hiberno-normannischen Familien. ▼

◄ *Über Altamont Garden im County Carlow sagt man, es sei der romantischste Garten, und das mag wohl stimmen.*

CARLOW

Tullow im Osten des County Carlow. ▲

◄ *Die alten Dolmen bei Browneshill, County Carlow.*
▼

37

The Grand Canal bei Robertstown, County Kildare. Hier war ein wichtiger Haltepunkt für den Verkehr auf dem Kanal. Das Hotel im Hintergrund auf der rechten Seite wurde 1801 erbaut. Es wird oft vergessen, dass Kanäle den größten Fortschritt im Hinblick auf die menschliche Beförderung seit dem römischen Reich darstellen. Innerhalb von 40 Jahren seit Öffnung des Grand Hotel wurden sie in ihrer Bedeutung allerdings vom Siegeszug der Eisenbahn abgelöst.

Aufgalopp am frühen Morgen auf dem Curragh, der geistigen Heimat der irischen Pferderennen.

Die japanischen Gärten beim Irish National Stud auf der ländlichen Seite des County Kildare. Sie sind hier eine echte Überraschung und eine Hauptattraktion in unmittelbarer Nähe von Dublin.

◄ Zwei Ansichten von Newgrange, einem ▲
5000 Jahre alten Ganggrab. Bei der Winter-
Sonnenwende bescheint das Licht der
aufgehenden Sonne Gang und Kammer. Das
Grab ist eine von Irlands größten Attraktionen.

Der Hill of Tara, eine der größten Anlagen mit
keltischen Denkmälern in Europa, steckt voll
keltischer Mythologie. Der Überlieferung nach soll
er Sitz des High King of Ireland gewesen sein. ▼

Die Millmount in Drogheda war ursprünglich eine Turmhügelburg. Sie steht auf einer Landzunge oberhalb des Boyne am Südufer und bildete in der Vergangenheit die Zitadelle der Stadt. Hier metzelte Cromwell die Garnison nach seiner Belagerung der Stadt im Jahre 1649 nieder.

Rundturm und keltisches Kreuz bei Monasterboice, eine der wichtigsten noch erhaltenen irischen Klosterstätten.

WESTMEATH

Athlone Castle in der gleichnamigen Stadt im County Westmeath war eine Verteidigungsanlage zum Schutz des Mittellaufs des Shannon.

Die zerstörte Benediktinerabtei bei Fore. Die Abtei wird mit den schwärmerisch beschriebenen Sieben Wundern von Fore in Verbindung gebracht. Hierzu gehören Wasser, das den Berg hochfließt, Wasser, das nie den Siedepunkt erreicht, und ein in einem Moor gebautes Kloster.

Das klassische Zentrum von Birr, County Offaly, das die Earls von Rosse als Stadtansiedlung geplant hatten. Die meisten irischen Städte und Dörfer sind dagegen nicht geplant, sondern zufällige Ansammlungen von Gebäuden. Städte wie Birr und Westport im County Mayo (S.000) hingegen sind das Ergebnis von aufgeklärten ortsansässigen Grundbesitzern.

Das astronomische Observatorium aus dem 19. Jahrhundert, das in Birr Castle von William Parsons, dem 3. Earl of Rosse, gebaut wurde, beherbergt dieses Teleskop von 1845, das bis 1917 das größte Teleskop der Welt war. Parsons war ein begabter Mathematiker.

◄

Abbeyleix in der Binnenland-Grafschaft Laois (früher Queen's County zu Ehren von Queen Mary, die dort im 16. Jahrhundert eine Plantage finanzierte) ist eine weitere Siedlungsstadt, dieses Mal waren die Gönner die Lords de Vesci. Hier findet man auch Morrissey's, einen der besten irischen Pubs mit einen altmodischen Kaufmannsladen auf der anderen Seite des Zimmers und dahinter einem Bestattungsinstitut.

Rundturm aus dem 12. Jahrhundert und alte anglikanische Pfarrkirche von Timahoe. Die Kirche, die jetzt als Bibliothek dient, wurde von Joseph Welland entworfen und c. 1840 erbaut. ►

Dunamase Castle oder Rock of Dunamese, in
▼ der Nähe von Portlaoise.

MUNSTER

Munster ist die südliche Provinz und zieht mehr Besucher an – sowohl aus Irland als auch aus dem Ausland – als jede andere Region, und das lässt sich leicht erklären. Sie ist die größte flächenmäßige Provinz und hat eine gegensätzliche Landschaft von imponierenden Bergketten an der Atlantikküste und üppigen landwirtschaftlichen Flächen und Weideland im zentralen Teil.

Cork ist die Hauptstadt und, glaubt man seinen glühenden Fans, die wahre Hauptstadt Irlands. Sie profitierte von einer intelligenten Stadterneuerung, die überfällig war. Mitte der 1980er Jahre war sie Opfer des wirtschaftlichen Niedergangs geworden, und man sah ihr an, dass sie bessere Zeiten gesehen hatte. Das war ein Trauerspiel und die Sanierung ein Grund zum Feiern, denn die Stadt ist malerisch gelegen unterhalb des steilen Hangs von St Patrick's Hill; in ihrem Zentrum liegt eine Insel, geschaffen von den Trennkanälen des River Lee. Daher rührt ein Bonmot über Cork, das als "das Paris von Irland" bezeichnet wird; weshalb aber wohl wird Paris nie das Cork von Frankreich genannt?

Die Erneuerung der Stadt wurde auch aus anderen Gründen begrüßt. Es ist eine schmucke Stadt mit einigen ansehnlichen viktorianischen Gebäuden, einem herrlichen Tiefwasserhafen und einem ländlichen Hinterland, mit keiner anderen Stadt im Land vergleichbar. Es war gleich in mehrfacher Hinsicht kein ideales Gelände für den Bau einer Siedlung, denn während die Insellage des Zentrums offensichtlich ein großes

Verteidigungspotenzial gegen Räuber bot, liegt das Land selbst sehr tief, und Überflutungen der Stadt kommen immer wieder mal vor. Ihr Name stammt ursprünglich von dem irischen Wort "corcaigh", das Sumpf bedeutet. Somit ist sie nicht nur das Paris von Irland, sondern auch sein Venedig.

Die Bewohner Corks sind leidenschaftlich in ihrer Treue zur Heimat, besonders wenn ihre Hurlingspieler an der All Ireland Championship teilnehmen. Dieses uralte irische Sommerspiel bietet ein großartiges Spektakel, das Mut, außerordentliche Geschicklichkeit und unglaubliche Geschwindigkeit erfordert. Es heißt, dass es das schnellste Feldspiel der Welt ist. Dem uneingeweihten Betrachter mag es wie ein großes Chaos vorkommen, doch weit gefehlt – es ist ein Spiel mit Schläger und Ball, das einem, wenn es gut gespielt wird, den Atem raubt. Cork hat eins der stärksten Teams, seine Farben sind rot und weiß, was für Blut und Bandagen stehen kann. Seine Anhänger bringen alle möglichen Fahnen mit, Hauptsache rot dominiert: japanische Marineflaggen, Stars and Stripes, Stars and Bars, sowjetische und chinesische Fahnen (um zu zeigen, dass nicht alle auf einer Seite stehen), Ferrarifahnen. Sie sind die buntesten, lautesten und treusten Fans im irischen Sport – vielleicht die Anhänger des regionalen Munster Rugby Teams ausgenommen. Ob es vor allem Cork ist oder Munster im allgemeinen – die Menschen im Süden jubeln ihrer Mannschaft zu.

Während die meisten Teile der Grafschaft

östlich der Stadt und im Zentrum über ertragsreiche landwirtschaftliche Flächen verfügen, findet man im Westen die typische Atlantikküste mit Bergen, zerklüfteten Buchten, hübschen Städten und Dörfern und einem Markenzeichen des modernen Irland, ausgezeichnetem Essen. In der Vergangenheit hatte Irland zu Recht einen schlechten Ruf wegen seines Essens, doch damit ist es längst vorbei. Im Zentrum der Stadt Cork befindet sich der englische Markt, der mit Abstand beste Lebensmittelmarkt in Irland. Südlich der Stadt gilt die Küstenstadt Kinsale zu Recht als gastronomische Hauptstadt des Lands, und nahe der Stadt Midleton im Osten ist das Ballymaloe House, die Wiege feinster irischer Küche in der dritten Generation.

Kerry ist die Grafschaft westlich von Cork, die sich bis zur Shannonmündung zieht. Hier sagt man, dass es der Hl. Patrick nie bis nach Kerry geschafft hat, weil die Bewohner von Cork seinen Esel gestohlen hätten! Kerry ist das Yorkshire oder Texas von Irland und übertrifft sogar Cork in dieser Hinsicht. Killarney hat eine Touristenattraktion, die alle anderen in den Schatten stellt: drei atemberaubende Halbinseln (eine davon teilt es sich mit Cork), die wie lange Finger in den Atlantik ragen und die eine Kulisse für abwechslungsreiche Meeresansichten bieten. Die mittlere hat eine Küstenstraße, den Ring of Kerry. Die nördlichste der drei, die Dingle Peninsula, ist wohl die schönste von allen. An ihrem Ende befindet man sich am westlichsten Punkt Irlands mit nichts als Wasser zwischen sich und dem Norden Neufundlands.

Dies wiederum sagt viel über Irland und Nordwesteuropa im allgemeinen aus. Hier ist man sehr weit weg vom Äquator, 52° bis 55°nördlich. In der südlichen Hemisphäre befinden sich nur die äußerste Spitze von Südamerika und die Falkland-Inseln auf einem ähnlichen Breitengrad. Gäbe es nicht den Golfstrom, jene warme, rasch fließende Meeresströmung, die in der Karibik beginnt und hier vorbeikommt, wäre ein Großteil Irlands Tundra.

Nördlich von Kerry, über der Mündung des Shannon, liegt das County Clare. Wer auf der Suche nach irischer Musik ist, ist hier goldrichtig. Dabei sollte er aber nicht auf einen Besuch der imponierenden Cliffs of Moher verzichten.

Die anderen drei Grafschaften in Munster sind Limerick (direkt neben Clare), Waterford im fernen Südosten der Provinz und Tipperary in der Mitte – die einzige Binnengrafschaft. Limerick, die zweite Stadt der Provinz, liegt genau dort, wo der Shannon seiner Mündung zuströmt. Hier findet man eine der schönsten hiberno-normannischen Festungen des Lands, King John's Castle. Das hübsche strohgedeckte Dorf Adare liegt nur etwa 15 Kilometer entfernt.

Tipperary hat fruchtbares Agrarland, dessen topographisches Hauptmerkmal der prächtige Rock of Cashel ist, der stolz wie ein Wächter über der flachen Landschaft thront. Ursprünglich eine Festung der alten Munsterkönige, wurde er später eine kirchliche Stätte, und Cashel ist bis heute ein Bischofssitz. Waterford ist eine kleine, von Wikingern gegründete Stadt im Mündungsgebiet dreier Flüsse, die sich hier zu einem imposanten Strom vereinen. Sein markantestes, noch erhaltenes Bauwerk, Reginald's Tower, ist mehr als tausend Jahre alt und das älteste erhaltene Gebäude in ganz Irland.

Ross Castle am Lough Leane in der Nähe von Killarney. ▶

CORK

▲ Sherkin Island liegt vor der Küste von Westcork, in der Nähe der hübschen Stadt Baltimore. Auf dem Foto sieht man die Ruinen des Franziskanerklosters aus dem 15. Jahrhundert, üblicherweise (wenn auch irrtümlich) Sherkin Abbey genannt. Die Insel beherbergt eine kleine einheimische Bevölkerung und ist ein beliebter Ferienort.

Die Kleinstadt Kinsale an der Mündung des River Bandon, südlich der Stadt Cork, gilt als Hauptstadt der irischen Gastronomie. Man findet hier eine große Zahl ausgezeichneter Restaurants, und sie ist auch ein beliebter Segelort. ▼

Desmond Castle in Kinsale ist ein altes Turmhaus, das zu jener Zeit gebaut worden war, als ganz Südmunster vom südlichen Zweig der Familie Fitzgerald beherrscht wurde, den mächtigsten hiberno-normannischen Baronen. Desmond ist die Anglisierung der gälischen Wörter für Südmunster (Deas Mumhan). Die Macht der Fitzgeralds von Desmond wurde schließlich in den unbarmherzigen Kriegen der 1570er und 1580er Jahre von der englischen Krone gebrochen. Eine spanische Flotte war noch vergeblich zur Unterstützung des letzten großen gälischen Aufruhrs gegen die englische Herrschaft herbeigeeilt. Danach waren Kinsale und ein Großteil des umliegenden Lands für Jahrhunderte eine englische Befestigung.

Cobh Cathedral, eindrucksvoll über dem Ortskern im Hafen von Cork gelegen. Die Kathedrale ist benannt nach dem Hl. Colman und wurde von E.W. Pugin, Sohn des berühmten Augustus Welby Pugin, dem größten aller viktorianisch-gotischen Architekten, entworfen. Obwohl schon 1868 begonnen, wurde sie erst 1917 fertig, und weitere Verschönerungen dauerten bis nach dem 2. Weltkrieg. ▼

Der Bandon nähert sich Kinsale. ▼

CORK

Garnish Island liegt vor der Küste, nahe Glengarriff am nördlichen ▲
Ufer der Bantry Bay. Die Gegend hat ein sehr mildes Klima,
das Pflanzen wachsen lässt, die sonst in diesen Breiten nicht
gedeihen könnten. Der Besitzer der Insel, John Allen Bryce, hatte
zu Beginn des 20. Jahrhunderts diesen italienischen Ziergarten
angelegt. Die Insel befindet sich jetzt in der Obhut des Staates.

Der Kai von Cobh. Von hier
startete die Titanic ihre
fatale Jungfernfahrt. ▼

Zwei Ansichten von Cork, der Hauptstadt von Munster, einmal der Anstieg auf der Nordseite mit dem berühmten Glockenturm der Shandon Kirche links (oben/links/rechts) und dann Patrick Street, die Haupteinkaufsstraße im Stadtzentrum.

Blarney Castle stammt von 1446 und war die Festung der McCarthys. Durch seinen Blarney Stone – von dem es heißt, dass derjenige, der ihn küsst, mit der Gabe der Beredsamkeit belohnt werde – ist es berühmt geworden. Das ist ein relativ junger Mythos, entstanden vor dem Hintergrund des Massentourismus im 19. Jahrhundert, aber es ist eine lustige Idee.

CORK

Der Clockgate Tower in der einladenden historischen Stadt Youghal in Ostcork, die an der Mündung des Blackwater River liegt. Die Stadt war im 13. Jahrhundert von den Hiberno-Normannen gegründet worden und war am Ende des 16. Jahrhunderts kurze Zeit im Besitz von Sir Walter Ralegh. Dieser verkaufte sie jedoch an Richard Boyle, den Great Earl of Cork – einen typischen aufstrebenden neuen Engländer in Irland. Der Glockenturm stammt von 1777.

University College Cork, die Hauptuniversität der Region. 1845 war sie als eins der Queen's Colleges gegründet worden. 1908 wurde sie Bestandteil der National University of Ireland nach der Eingliederung der NUI.

Ballymaloe House im Osten des County Cork ist wahrscheinlich das einzige gefeierte Restaurant mit einer Kochschule in Irland. Seit drei Generationen im Eigentum der Allens gibt es hier nicht nur ein hervorragendes Restaurant, sondern in seiner Schule lernten auch die meisten aufstrebenden Köche des modernen Irland.

Baltimore ist eine ► der vielen reizvollen Städte in Westcork. 1631 kamen Piraten von weit her, etwa aus Algerien, und verschleppten über 200 Einheimische auf ihren Kaperschiffen in die Sklaverei. Heutzutage geht es etwas weniger stressig zu.

Der Hafen von Schull in Westcork. ▼

CORK

Timoleague ist ein kleines Städtchen im Westen der Stadt Cork auf dem Weg nach Clonakilty und Skibbereen. Man findet hier dieses Franziskanerkloster, dessen Fundament von 1240 stammt.

Castletownroche im Norden der Grafschaft war, wie der Name schon andeutet, ein Dorf, das ursprünglich die hiberno-normannische Roche-Familie gebaut hatte.

Midleton in Ostcork ist jetzt das wichtigste Zentrum der irischen Brennerei-Industrie. Auf diesem Foto sieht man die Jameson Brennerei in Midleton. Früher wurde Jameson Whiskey in Dublin gebrannt. ▶

Macroom im Nordwesten der Grafschaft ist eine bedeutende Marktstadt. Macroom Castle, das hier zu sehen ist, war eine der Hochburgen der McCarthys. Unter Cromwells Beschlagnahmeregime wurden die McCarthys enteignet, und die Burg fiel an William Penn, dessen Sohn Pennsylvania gründete. ▼

◄ Mizen Head im Westen
Corks ist der südlichste
Punkt Irlands.

Der Eingang zum English Market im ▲
Zentrum von Cork, zweifellos der beste
Lebensmittelmarkt in Irland.

Das Gericht der Stadt Cork in der ▲
Washington Street.

◄ Blackrock Castle steht auf strategischem
Gelände, flussabwärts vom Stadtzentrum
Corks, an einer Stelle, wo es die Stadt gegen
Angriffe vom Meer aus verteidigen kann.
Dies war der Zweck der ersten beiden Bauten
auf diesem Gelände, von denen das älteste
von1582 datiert. Die jetzige Burg stammt
von 1829. Sie war lange Zeit in Privatbesitz
und gehört nun dem Cork City Council. Es gibt
hier ein Observatorium, betrieben von den
Mitarbeitern des Cork Institute of Technology

Das Rathaus von Cork befindet sich an der Kreuzung der Anglesea Street und dem Terence MacSwiney Quay. MacSwiney war während des Unabhängigkeitskriegs der Bürgermeister von Cork, der als Teilnehmer am Hungerstreik nach einer 74-tägigen Qual in einem Londoner Gefängnis starb. Er gilt als ein Märtyrer der irischen Freiheitsbewegung .

St Fin Barre's Cathedral in Cork ist eins der Wahrzeichen der Stadt und wurde von einem Londoner Architekten, William Burges, gestaltet. Ihr neo-gothischer Stil hat etwas Ausgelassenes. Sie dient Gläubigen der Church of Ireland Diözesen Cork, Cloyne und Ross.

▲ In der äußersten nordöstlichen Ecke der Iveragh Peninsula liegt die Stadt Killorglin. Der Fluss heißt Laune. Vom 10. bis 12. August ist Killorglin jedes Jahr Schauplatz des Puck Fair, eines traditiooaestlichen Jahrmarkts, bei dem eine weiße männliche Ziege, die in den Bergen und Wäldern gefangen wird, in einen Korb gesetzt wird und gleichsam Schutzgöttin des Marktgeschehens ist.

Derrynane House in Caherdaniel in der südwestlichen Ecke der Iveragh Peninsula im County Kerry. Dies war die Heimat von Daniel O'Connell, dem Befreier und einem de größten Männer Irlands. Die O'Connells waren gälische Aristokraten von niedrigerem Stand, die lange Zeit zurückgezogen lebten und sich durch Schmuggel und andere Aktivitäten – für die diese abgelegene Stelle idea war – über Wasser hielten. O'Connell (1775-1847) war einer der besten Anwälte und Parlamentarier seiner Zeit.

Das Dorf Anascaul auf der Dingle Peninsula, zwischen den Städten Tralee und Dingle. ▲

Die Macgillycuddy's Reeks aus der Luft betrachtet. Diese Berge, zentriert auf Killarney am Kopf der Iveragh Peninsula, sind die höchsten in Irland. ▼

Die Gärten von Muckross House in Killarney. ▼

▲ Die Windmühle von Blennerville, westlich des Verwaltungssitzes Tralee, war die Öffnung zur Stadt, mit der sie durch einen kurzen Kanal verbunden ist. Das Dorf wurde nach den Blennerhassetts, einer prominenten örtlichen Familie, benannt. Die Windmühle wurde 1800 errichtet, war jedoch kein kommerzieller Erfolg und geriet nach 1846 in Vergessenheit, ehe sie in jüngster Zeit renoviert und zur Touristenattraktion wurde. Eine Schmalspureisenbahn – alles, was von der alten Tralee and Dingle Linie übrig geblieben ist – bietet touristische Fahrten zwischen der Windmühle und Tralee.

Die Brandung des Atlantiks am westlichen Ende der Dingle Peninsula. ▶

Die dramatische Seite des Great Skellig, einer Felseninsel vor der Küste der Iveragh Peninsula. Sie wird häufig Skellig Michael genannt, weil sie zu einer Reihe von Inseln und Stätten in Nordwesteuropa gehört, die mit dem Andenken an diesen Heiligen verbunden sind. Der Mont St. Michel in Frankreich ist die bekannteste. In frühchristlicher Zeit gab es hier eine Mönchsiedlung, deren Ruinen noch existieren.

◀

Die hübsch anzusehende Stadt Kenmare im Süden des County Kerry wurde von Sir William Petty 1670 gegründet. Aus den Pettys wurden die Earls of Landsdowne, und der Name eines Hotels der Stadt erinnert noch heute an diese Verbindung, Landsdowne Arms.

Ein Meeresarm bei St Finan's Bay am westlichen Rand von Iveragh. Die Küste Kerrys ist übersät mit ähnlichen Meeresarmen und Atlantikbuchten. ▼

Killarney ist das Epizentrum des irischen Tourismus. Die Stadt selbst ist nett, aber es sind vor allem die herrliche Seelandschaft und das bergige Hinterland, die die Besucher anziehen, und das schon seit dem 1 Jahrhundert.

Eine Curragh – ein Boot (coracle), bedeckt mit geteerter Leinwand – fährt zwischen Dunquin auf der Spitze der Halbinsel und Great Blasket Island im Hintergrund. Die Insel war bis 1953 bewohnt, als die letzten Bewohner aufs Festland gebracht wurden.

Ross Castle am Lough Leane bei Killarney. ▲
Das Schloss war im 16. Jahrhundert von den
O'Donoghues gebaut worden.

Ladies View – von einem herausragenden ▶
Punkt an der Straße nach Kenmare kann
man auf die Seen von Killarney schauen.

Sonnenuntergang bei Kenmare Bay. ▼

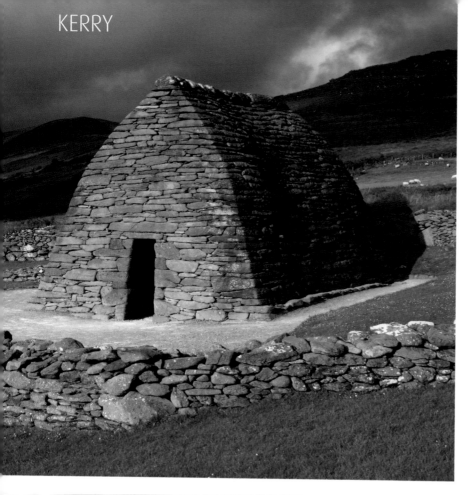

Am westlichen Ende der Dingle Peninsula, nahe Ballyferriter, steht dieses bemerkenswert kleine Bethaus von Gallarus. Es besteht fast ausschließlich aus Mauern ohne Mörtel, die geformt und übereinander gelegt wurden, um den Eindruck eines umgekippten Boots zu vermitteln. Trotz des fehlenden Mörtels und der Tatsache, dass es mehr als ein Jahrtausend überlebt hat, ist es innen sehr trocken, obwohl das Klima hier zu den nassesten in ganz Europa gehört.

Der Hafen von Derrynane mit den Großen und Kleinen Skelligs am Horizont.

Valentia Island befindet sich vor dem Ende von Iveragh. Hier abgebildet der Blick von der Insel aus aufs Festland.

Irland hat viele bezaubernde Strände, und dieser bei Inch, County Kerry – eine sandige Landzunge an der Südküste vor Dingle Bay – könnte der schönste von allen sein. ▶

An der Landesgrenze zwischen Kerry und Cork, in den Slieve Miskish Mountains, führt die Straße über den Healy Pass, dessen Ausgangspunkt hier zu sehen ist. Der Pass ist nach Timothy Healy benannt, dem irischen nationalistischen Politiker und ersten Generalgouverneur des irischen Freistaats nach der Unabhängigkeit. ▼

KERRY

Die stürmische Atlantikküste
westlich von Dingle.

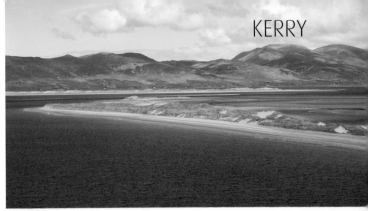

Der Strand bei Rossbeigh mit den Bergen der Dingle Peninsula im Hintergrund. Der Strand ist eine weitere sandige Landzunge, die in die Dingle Bay reicht und fast gegenüber von Inch auf der anderen Seite liegt. ▶

Kenmare Bay im Abendlicht nahe dem hübschen Dorf Sneem. ▼

◀ Gap of Dunloe, einer der malerischsten Orte in der Gegend von Killarney.

Der Strand beim kleinen Dorf Ballyferriter in der Kerry Gaeltacht, westlich von Dingle. Die Berge im Hintergrund sind die Seven Sisters, wobei auf diesem Foto nur zwei von ▼ ihnen zu sehen sind.

Vier Ansichten der Cliffs of Moher an der Westküste von Clare. Sie sind die höchsten Klippen in Irland.

Bunratty Castle ist ein ▶
wunderbares Beispiel eines
restaurierten Turmhauses aus
dem 15. Jahrhundert.

Die Burren sind eine
außerordentliche Landschaft
aus Karstfelsen im Nordwesten
des County Clare. Die
Kalksteinabdeckung schafft Kanäle,
in denen Pflanzen und Blumen, die
man eher am Mittelmeer oder in
den Alpen vermuten würde als im
County Clare, geschützt sind und
gedeihen können. ▼

CLARE

Poulnabrone Dolmen erhebt sich aus der Burrenlandschaft auf außergewöhnliche Weise und ist eins der bekanntesten alten Denkmäler. Es ist ein Grab-Portal und wird auf das Jahr 3.000 vor Christus geschätzt und ist vielleicht sogar noch älter.

Eine Großaufnahme von Alpenblumen in den Burren. ▼

▲ Burrenküste in der Nähe von Fanore, County Clare.

Spanish Point ist ein ▶ beliebter Urlaubsort an der Westküste Clares.

Das malerische Dorf Adare, das sich nur 16 km westlich von Limerick City befindet. Es ist ein beliebtes Reiseziel und Ort für spontane Stopps auf dem Weg nach Kerry.

Die Stadt Limerick liegt an der schiffbaren Spitze der Shannonmündung. Sie ist von den Wikingern im 9. Jahrhundert gegründet und anschließend von den Normannen befestigt worden. Das Foto zeigt die wichtigste Normannen-Hochburg, King John's Castle, das die Zugänge zur Stadt sicherte. Auf dem Foto (links/rechts/oben/ unten) ist die Vorderseite des Hunt Museums zu sehen, das sich im alten Zollhaus befindet.

Altes und Neues ▲
stehen in der
Stadt Limerick
nebeneinander.

◄

Die Hauptstraße in Limerick
wurde nach Daniel O'Connell
benannt, dessen Denkmal –
hier zu sehen – am südlichen
Ende steht.

Der Treaty Stone in Limerick erinnert an
den gebrochenen Vertrag, der hier 1691
von den siegreichen Streitkräften King
Williams III von England unterzeichnet
wurde, der die Truppen des abgesetzten
King James II besiegt hatte. James hatte
die Unterstützung der meisten irischen
Katholiken. Die Bedingungen des
Vertrags waren nicht hart, und deshalb
wurden sie vom irischen Parlament,
aus dem Katholiken ausgeschlossen
waren, auch nicht beachtet. Die neue
protestantische Siedlerklasse wollte viel
härtere Bedingungen für die Besiegten.

◄

Der People's Park in Limerick. Die Säule
in der Ferne ist die Statue von Thomas
Spring Rice, einem Politiker des 19.
Jahrhunderts.

▲ The Vee ist eine scharfe Kehre in V-Form mit Richtungsänderung auf der Straße durch die Knockmealdown Mountains im südöstlichen County Tipperary, nahe der Grafschaftsgrenze zu Waterford. Von hier aus hat man einen herrlichen Panoramablick über das Golden Vale, das reiche Weideland im Herzen von Tipperary.

Cahir Castle war die Festung der Butlers von Ormond, der größten Familie im spätmittelalterlichen Irland. Obwohl der Earl of Essex sie 1599 und Cromwell 1650 eingenommen hatte, blieb sie in Butlers Händen, durch alle Wechselfälle in diesen turbulenten Zeiten. ▼

TIPPERARY

Drei Ansichten vom Rock of Cashel. Dieser imponierende Felsvorsprung ragt stolz über den Ebenen von Tipperary. Als natürlich zu verteidigende Stellung, war er ursprünglich Sitz der gälischen Könige von Munster und später eine kirchliche Stätte. Es gab hier eine Kathedrale sowie einen Rundturm, der heute noch steht. Das interessanteste Gebäude auf dem Komplex ist die Cormac's Chapel aus dem 12. Jahrhundert, das schönste Beispiel romanischer Architektur in Irland. Es zeigt, wie abgelegen Irland aus europäischer Sicht in jener Zeit war, da es den romanischen Stil auf dem Kontinent schon Jahrhunderte gab, bevor Cormac's Chapel gebaut wurde.

Lough Derg ist der größte der ▲
Shannon-Seen und nimmt
die untere Region zwischen
Tipperary und Clare ein.

Clonmel ist eine attraktive und
wohlhabendes Marktstadt im
Südosten Tipperarys. Sie steht
auf den Landgrenzen, um
die sich die Earls of Desmond
und Ormond stritten. Sie
kam letztendlich unter die
Herrschaft der Ormonds nach
dem Battle of Affane 1565.
Er wurde südlich der Stadt
gekämpft und er war der letzte
bedeutsame Kampf in der
irischen Geschichte zwischen
zwei Rivalen und ihren Armeen.
Laurence Stern, Autor von
Tristram Shandy, das einmal
als "finest shaggy dog story in
English literature" beschrieben
wurde, war hier geboren.

Millennium Plaza ▲
im Zentrum von
Waterford.

Reginald's Tower in der Stadt Waterford ist das älteste erhaltene bürgerliche Gebäude in Irland. Es könnte von den Wikingern aus der Zeit um 1.000 vor Christus stammen, wobei es Beweise für eine spätere Erweiterung durch die Normannen zur Verteidigung der Stadt gibt. Er steht in der südöstlichen Ecke der mittelalterlichen Stadtmauern und bewacht das Mündungsgebiet. Waterfords Hafen hat nämlich eine beeindruckende Flussmündung, die durch den Zusammenfluss der drei Schwester-Flüsse, Barrow, Nore und Suir aus dem Südosten, entstand.

Waterford in der
Dämmerung, vom
Fluss aus gesehen. ▼

Die kirchliche Stätte bei Ardmore im County Waterford, stammt aus früher christlicher Zeit und könnte sogar vor der Zeit des Hl. Patrick entstanden sein – von dem viele Gelehrte denken, dass er nicht der erste christliche Evangelist in Irland war. Während diese Stätte aus früher Zeit stammt, ist Ardmores berühmtestes Gebäude, der Rundturm, ziemlich spät erbaut worden, nämlich im 12. Jahrhundert. Er ist einer der am besten Erhaltenen in Irland. ▶

Steindetails aus den noch erhaltenen Ruinen von Ardmore. ▲

Dungarvan ist die wichtigste Stadt im Westen des County Waterford. Hier stand einmal eine frühe englische Burg, um die sich die Stadt entwickelt hat. Aus den Überresten der Burg entstanden im 19. Jahrhundert Kasernen für die britische Armee, die 1921 im Unabhängigkeitskrieg zerstört wurden.

CONNACHT

Für Iren ist es ein besonderes Gefühl, den Shannon von Osten nach Westen zu überqueren. Der Westen Irlands ist nämlich ein mythisches Land, wo alles anders ist - oder zumindest sein sollte. Das rührt aus der Zeit Cromwells her, als britische Siedler, deren Nachfahren später die anglo-irische Elite darstellten, die katholischen Landbesitzer in den anderen Provinzen verdrängten. Damals soll Cromwell die Katholiken vor die Wahl gestellt haben, "in die Hölle oder nach Connacht" zu gehen. Wahr oder nicht – es ist ein oft gebrauchtes Zitat in der Geschichte Irlands, durch das die westliche Provinz in den Gedanken der Menschen mit Verbannung in Verbindung gebracht wird.

Darüber hinaus war Connacht in den letzten Jahrhunderten die ärmste der vier Provinzen und die mit dem geringsten Anteil an nutzbarem Land. Ihre arme Bevölkerung war von der Hungersnot des 19. Jahrhunderts besonders betroffen. All diese Nachteile wurden jedoch anderweitig wettgemacht. Wenn Irland bei den Engländern für Landwirtschaft und Rückständigkeit stand, im Gegensatz zu ihrer industrialisierten und urbanisierten, viel größeren Insel, drehten die Iren den Spieß um. Dann nämlich machte man aus der vermeintlichen Rückständigkeit und dörflichen Kulisse eine Tugend, so dass der Westen Irlands nun für Unberührtheit und das wahre Irland stand.

Der Dichter William Butler Yeats machte sich dies häufig zu Nutze. Die Idealisierung des Bauern aus dem Westen kam ständig in seinen Gedichten vor. Und nicht nur er, sondern auch viele Anführer des Aufstands von 1916 fühlten sich zum Westen und dem dort empfundenen wahren Leben hingezogen. Patrick Pearse gehörte zu den bekanntesten; sein Sommerhaus stand in Ros Muc in der Gaeltacht im County Galway.

Der Westen übte somit eine doppelte, aber widersprüchliche Anziehung auf irische Gemüter aus: auf der einen Seite galt er als ein gottverlassener Ort voll Armut und Trübsal; auf der anderen als der unberührteste Teil des Landes. Und der Westen ist unauslöschlich mit Connacht verbunden.

Diese Ansicht ist jedoch nicht unproblematisch. Zunächst gehören zu dem mythischen Westen auch Teile von Munster und County Donegal im Norden von Ulster. Und so wie Menschen aus Dublin Richtung Westen nach Galway und Mayo strömen, zieht es die Bewohner Belfasts nach Donegal, ihrer westlichen Spielwiese. Der Westen besteht also nicht nur aus Connacht, und auch Connacht hat mehr zu bieten.

Der Fluss Shannon bildete nicht immer die östliche Grenze der Provinz. Zum mittelalterlichen Connacht gehörte noch Land östlich des Shannon, das heute zu Leinster und Ulster zählt; man nannte es das grobe Drittel von Connacht. Obwohl es das grobe Drittel heute nicht mehr gibt, befindet sich noch immer ein Stück des modernen Connacht auf der "falschen" Seite des großen Flusses, im Osten vom County Leitrim. Es

ULSTER

DONEGAL
DERRY
ANTRIM

TYRONE
DOWN

FERMANAGH
ARMAGH

MONAGHAN

SLIGO
CAVAN

LEITRIM
LOUTH

MAYO
LONGFORD

ROSCOMMON
MEATH

CONNACHT
WESTMEATH

GALWAY
OFFALY
DUBLIN

KILDARE

LEINSTER

LAOIS
WICKLOW

CLARE

CARLOW

TIPPERARY
KILKENNY

LIMERICK
WEXFORD

WATERFORD

MUNSTER

KERRY

CORK

CONNACHT

wird noch verwirrender, denn das County Clare, das vollständig westlich des Shannon liegt, befindet sich in Munster, obwohl es auf Karten aus dem 17. Jahrhundert zu Connacht gezählt wurde, wo es nach Logik und Topographie auch hingehört.

Nun mag man sich fragen, ob dies von Bedeutung ist, denn für Besucher spielen diese Unterscheidungen vermutlich keine Rolle. Sie sind jedoch hilfreich, wenn man die verschiedenen Mentalitäten von Connacht, seien sie nun Einbildung oder Realität, besser verstehen möchte. Galway ist die größte Stadt der Provinz. Sie ist lebhaft und modern und alles andere als altmodisch, hat aber auch schrullige und wundersame Ecken. Der Großteil der Bevölkerung besteht aus Studenten der NUIG (National University of Ireland Galway) und besonders an Wochenenden geht es im Zentrum hoch her.

Galway ist das Tor zu Connemara, das direkt westlich davon liegt. Der südliche Teil, entlang der Bucht von Galway, ist Gaeltacht, wo Irisch die Landessprache ist – wobei man in Wirklichkeit zweisprachig ist. Im nördlichen Teil spricht man englisch. Diese Gegend ist zu Recht wegen ihrer außergewöhnlichen Schönheit berühmt und wird von den als "Twelve Bens" bekannten Bergen beherrscht. In dieser wilden Landschaft bekommt man am ehesten ein Gefühl für die Andersartigkeit des Westens. Östlich des Shannon ist Irland ziemlich flach, wobei es natürlich Ausnahmen gibt, wie etwa das County Wicklow südlich von Dublin.

Das entlegene Hochland des Westens ist so ganz anders als die weniger spektakuläre Landschaft im Osten und beflügelt deshalb

auch die Phantasie, Gegensätze zu entdecken. Entlang der Westküste – nicht nur in Connacht – finden sich Gebirgsketten, die der Atlantikküste ihr besonderes Flair verleihen. Und dann ist da auch noch das Meer, das das Land erst nach fast 5.000 Kilometern Entfernung von Amerika erreicht und unablässig gegen das Ufer brandet. Die vorherrschenden Südwestwinde bringen das Wetter vom Atlantik mit, und der Westen Irlands liegt direkt auf ihrem Weg. Es ist ein Klischee, dass es in Irland oft regnet (noch dazu am meisten im Westen), aber es ist auch was dran.

Nördlich vom County Galway liegt das County Mayo mit einer ähnlichen Küstenlandschaft und einer großen flachen Landschaft im Landesinnern, der Plain of Mayo. In der Nähe der einladenden Stadt Westport findet sich der beeindruckende Gipfel von Croagh Patrick. Der Legende nach verbrachte der Hl. Patrick auf seiner Spitze 40 Tage und Nächte büßend . Es ist heute ein beliebter Pilgerort, und am letzten Sonntag im Juli wagen Tausende von Menschen den beschwerlichen Aufstieg zur Kirche auf dem Gipfel. Hier werden die Pilger mit einem atemberaubenden Blick auf die Bucht von Clew (Clew Bay) belohnt, in der man angeblich eine Insel für jeden Tag des Jahres findet - vorausgesetzt, das Wetter ist gut.

Im County Mayo gibt es zahlreiche Seen, die Angler aus aller Welt anlocken, nicht zuletzt an den wenigen Tagen im Mai, an denen es Eintagsfliegen gibt. Die beiden größten Seen sind der Lough Mask im Süden des Landes und der Lough Conn Richtung Norden. Das County Sligo, nordöstlich von

Roundstone in Co. Galway. ▶

Mayo, ist unauslöschlich mit Yeats und seiner Dichtung verbunden, obwohl er in Wirklichkeit nur eine kurze Zeit seines Lebens dort verbachte. Der Shannon dominiert die beiden inländischen Counties von Connacht, Leitrim und Roscommon. Rund um diesen berühmtesten irischen Fluss hat man in den letzten 50 Jahren fantastische Freizeitmöglichkeiten erschlossen. Man kann ein Boot mieten und in ihm gemächlich den Fluss hinunterfahren; eine gemütlichere Art des Zeitvertreibs gibt es wohl kaum.

GALWAY

Die National University of Ireland Galway wurde 1845 als Queen's College Galway gegründet und machte später einen Teil der National University nach deren Eintrag im Jahr 1908 aus. Sie war lange Zeit als University College Galway (UCG) bekannt und firmiert seit 1997 unter dem heutigen Namen. ◄

Shop Street, die zentrale Durchgangsstraße der Stadt Galway. ►

Sonnenaufgang über den Twelve Bens in Connemara. ▼

Clifden, das an Galways Atlantikküste liegt, verdankt seine Entstehung als Siedlungsstadt der Familie D'Arcy, die im frühen 19. Jahrhundert in der Nähe in einem Schloss wohnte. Clifden entwickelte sich stetig, litt jedoch sehr während der Hungersnot. Aufgrund verbesserter Verkehrswege erlebte es einen Aufschwung und ist jetzt ein beliebter Ort für Touristen. Clifden versteht sich als "die Hauptstadt von Connemara".

GALWAY

Kylemore Abbey, in der Nähe von Letterfrack im Westen des Landes, wurde in den späten 1860ern als Familiensitz für Mitchell Henry, einen reichen englischen Textilkaufmann, in einem verschwenderischen viktorianisch-gothischen Stil erbaut. Es hat über 70 Zimmer und wurde in den 1920ern an den Benediktinerorden verkauft, der es noch immer unterhält.

◄ Dunguaire Castle in der Nähe von Kinvara, an der südöstlichen Ecke der Galway Bay. Obwohl es stark restauriert wurde, ist es immer noch eines der schönsten Beispiele eines irischen Turmhauses. Es handelt sich hier um Wohnstätten, die zum Schutz gegen Überfälle vom 15. bis 17. Jahrhundert in ganz Irland gebaut wurden. Es waren aufrührerische Zeiten und bis es ruhiger wurde, waren unbefestigte Wohnungen zu riskant.

84

*Küstennahe
Inseln in der
Nähe von Clifden.*

*Lough Corrib bei
Oughterard, eine
Stadt an der Straße
von Galway nach
Clifden. Lough Corrib
ist der südlichste
See mit großen
Fischvorkommen im
Westen Irlands. Die
anderen befinden
sich unmittelbar
nördlich jenseits
der Landesgrenze in
Mayo.*

▲ Im Landesinnern bei Leenane, einer kleinen Stadt an der Spitze des Killary Harbour. Killary Harbour ist der einzige irische Fjord, der die Grenze zwischen den Counties Galway und Mayo markiert. Zu britischen Zeiten wurde er von der Royal Navy benutzt und es hieß, die ganze Flotte könne in Killary anlegen – dies ganz am Höhepunkt der britischen Seemacht.

Dun Aonghusa ist ein prähistorisches Steinkastell, das eindrucksvoll auf der Klippe am nördlichen Ende von Inishmore thront, der größten der drei Aran-Inseln in der Bucht von Galway. ▼

Eyre Square im
Zentrum von Galway.

Die Küste am Killary
Harbour.

Clifden Castle, Heimat der Familie D'Arcy,
der Gründer von Clifden. ▼

GALWAY

Kilronan ist die
bedeutendste Stadt
auf Inishmore.
◄

Die Landschaft
Connemaras in der
Nähe von Clifden
mit den Twelve
Bens in der Ferne.
▼

Roundstone, am ►
Ufer der
Ballyconneely Bay.

Der Spanish Arch (spanischer Torbogen) gehörte ▲ ursprünglich zur alten Stadtmauer von Galway, die sich bis zu den Kais des Claddagh-Gebietes erstreckte, die rechts oben im Foto zu sehen sind. Er stammt von 1584 und wurde 1755 beim Tsunami, der durch das Lissaboner Erdbeben ausgelöst wurde, stark beschädigt, obwohl Lissabon mehr als 1600 Kilometer von Galway entfernt ist.

◄ Ein Musiker im Zentrum von Galway.

Kilmacduagh im Süden des County Galway war einst der Sitz eines eigenen Bistums, das aber schon seit langem mit anderen größeren Bistümern zusammengelegt wurde. Wie dieses Foto zeigt, war es einst ein bedeutendes klösterliches und kirchliches Zentrum. Obwohl zum Großteil nur noch Ruinen geblieben sind, ist sein Rundturm einer der am besten erhaltenen Irlands.

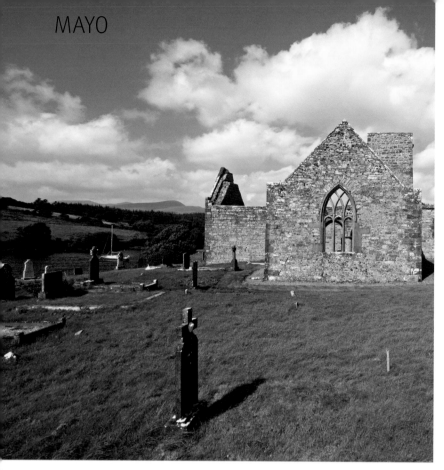

◄

Burrishoole Friary in der Nähe von Newport in der nordöstlichen Ecke der Clew Bay, war eine dominikanische Stiftung aus dem späten 15. Jahrhundert. Wie viele Ordenshäuser in Großbritannien und Irland fiel auch es der Reformation zum Opfer.

Ashford Castle, in dem sich jetzt ein Fünf-Sterne Hotel befindet, hat eine lange Vergangenheit. Die ursprüngliche Burg an dieser Stelle in Cong, County Mayo, am nördlichen Ufer des Lough Corrib, wurde im 13. Jahrhundert von der Familie de Burgo errichtet. Die de Burgos gehörten zu den führenden hiberno-normannischen Familien, deren Nachname später zu Burke anglisiert wurde. Das jetzige Aussehen der Burg stammt zum größten Teil aus dem 19.Jahrhundert, als sie der Familie Guinness gehörte. ▼

Die Ruinen des Cong Abbey, in der Nähe von Ashford Castle, sind besonders beeindruckend.

Blick von Lough Corrib nach Süden. ▼

Clew Bay mit einigen ihrer zahlreichen Inseln.

Keem Beach auf Achill Island. Achill ist die größte Insel vor der irischen Küste und mit dem Festland durch eine Brücke verbunden.

Croagh Patrick, Irlands heiliger Berg, wo der Hl. Patrick 40 Tage und Nächte gebüßt und gefastet haben soll. Von hier hat man einen guten Blick auf die Clew Bay.

Achill erstreckt sich über eine Fläche ▲ von 145 Quadratkilometern und sein Hochland steigt bis über 600 Meter an. Die Insel war ursprünglich unzugänglich und sehr arm; heutzutage aber ist sie aufgrund ihrer natürlichen Schönheit ein Besucherparadies. Auf dem Foto [oben/unten/links/rechts] sieht man ein Turmhaus, wie es in dieser Gegend Irlands früher viele gab.

◀

Westport House ist der schönste klassische Wohnsitz in Connacht und einer der bedeutendsten des Landes. Sein Entwurf stammt von Richard Cassels, einem Deutschen, der im 18. Jahrhundert ein beliebter Architekt in Irland war, und wurde später von James Wyatt erweitert . Es ist der Sitz der Marquess von Sligo, deren Familie – die Brownes – dort seit dem 17. Jahrhundert gewohnt hat. Ursprünglich war er der Stützpunkt der Respekt einflößenden Familie O'Malley, in ▶ die die Brownes einheirateten.

Ben Bulben ist der markanteste Berg im Westen Irlands, der unauslöschlich mit William Butler Yeats verbunden ist, dessen Grab sich in seinem Schatten befindet ("Under bare Ben Bulben's head/In Drumcliff churchyard Yeats is laid"). ▲

Der Strand von Inishcrone, County Sligo, an der Grenze zum County Mayo und nahe dem Ostufer von Killala Bay. Während des Aufstands von 1798 landete eine französische Flotte in Killala Bay zur Unterstützung der Rebellen. Nach anfänglichen Siegen wurde sie vertrieben. ▼

Rosses Point, westlich der ▲
Stadt Sligo, ist ein Badeort.
Hier befindet sich ein
berühmter Links-Golfplatz, der
traditioneller Austragungsort
der Meisterschaft von
Westirland ist.

◄

Das Hochkreuz im Friedhof
von Drumcliff, in der Nähe
von Yeats' Grab. Wie das
Kreuz bezeugt, war dies
eine alte Klosteranlage.
Das Kreuz stammt aus
dem 9. Jahrhundert, die
ursprüngliche Gründung ist
jedoch einige Jahrhunderte
älter und wird mit dem Hl.
Columbkille, besser bekannt
als der Hl. Columba, der
Evangelist Schottlands, in
Verbindung gebracht.

LEITRIM

Die kleine Grafschaft Leitrim ist ein
"Wasserland" mit der geringsten
Einwohnerzahl aller irischer Grafschaften. Der
Oberlauf des Shannon fließt durch sie und es
gibt hier viele Seen; zu ihnen gehört auch das
östliche Ende des Glencar Lake, der über die
Landesgrenze der Grafschaft Sligo reicht. Hier
befindet sich der Glencar Wasserfall.

Wie Glencar, so erstreckt sich auch der Lough
Gill am östlichen Ende ins County Leitrim. Man
findet hier Parkes Castle, ein gutes Beispiel für
die sogenannten Plantage-Burgen. Ehe Roger
Parke, einer der frühen englischen Siedler, im
17. Jahrhundert Nordconnacht und den Zugang
zu Südwestulster absicherte, war dieser Platz
der Stützpunkt der gälischen O'Rourkes. ▼

In der Nähe von Dromahair. Im
County Leitrim gibt es wenig
gutes Land. John McGahern,
der aus dieser Grafschaft
stammt, sagt am Anfang seiner
brillianten Autobiographie
Memoir: "Die Erde in Leitrim ist
arm und an manchen Stellen
sogar nur 2.5 cm tief. Darunter
findet man eine Art blau-graue
Knete oder Kies." ▶

▲ Strokestown House, ein riesiger klassischer Wohnsitz in Strokestown, war von einem Grundstück mit mehr als 10.000 Hektar umgeben. Er war der Sitz der Mahons, von denen einer, Major Denis Mahon, während der großen Hungersnot ermordet wurde. Das Haus wurde in der Neuzeit restauriert und beherbergt jetzt das Irish Famine Museum, das in seinem Archiv zahllose wertvolle Dokumente aus dieser schmerzlichen Zeit enthält.

Lough Key Forest Park ist das ► Herzstück einer Region, die ausgezeichnete Möglichkeiten für Fahrten auf den Seen und Flüssen bietet. Alle Grafschaften westlich des Shannon – der große Fluss bildet die östliche Grenze zum County Roscommon – sind mit Seen und anderen Wasserläufen übersät.

97

ULSTER

Ulster ist die nördliche Provinz von Irland und besteht aus neun Grafschaften. Als die Insel 1920 politisch aufgeteilt wurde, bildeten die sechs zentralen Grafschaften Nordirland und gehörten weiterhin zum Vereinigten Königreich, während die drei am Rande gelegenen Grafschaften – die mit der größten katholischen/nationalistischen Mehrheit – sich dem anschlossen, was in der Folgezeit die Republik wurde.

Die natürlichen Grenzen dieser Provinz sind ein Seen- und Hügelgürtel (bekannt als drumlins), der sie im Süden schützt und von der Irischen See bis zum Atlantik verläuft. Vor dem Bau befestigter Straßen und der Eisenbahn gab es nur wenige Zugänge vom Süden nach Norden nach Ulster – und diese waren bekannt und konnten verteidigt werden. In der Tat verlaufen bis heute die Hauptverkehrsstraße von Dublin nach Belfast und die Bahnlinie über einen dieser Zugänge. Er ist bekannt unter dem Namen Moyry Pass oder Gap of the North. Durch diese natürliche Verteidigungslinie lässt sich erklären, weshalb Ulster am wenigsten vom Einfall der Normannen im 12. Jahrhundert betroffen war. Wie um zu beweisen, dass es Ausnahmen von jeder Regel gibt, gelang es dem Abenteurer John de Courcy, sich nahe dem heutigen Belfast niederzulassen (siehe Carrickfergus Castle, Seite 105).

Ulster blieb die gälischste der irischen Provinzen bis zum endgültigen Niedergang des gälischen Irlands durch die immer stärker werdende königliche Macht Englands um 1600, und von de Courcys Königreich blieb nur

die Erinnerung. Dadurch, dass Ulster sich vom Rest Irlands durch seinen Widerstand gegen Überfälle abhob, war es auch weniger eng mit dem Rest der Insel verbunden als die drei anderen Provinzen.

In der Tat schaute Ulster schon seit dem Altertum mehr übers Wasser nach Schottland. An der schmalsten Stelle ist der Nordkanal nur etwa 19 Kilometer breit, und als es noch keine moderne Verkehrsinfrastruktur gab, war das Meer eher ein Verkehrsweg als ein Hindernis. Es war weitaus einfacher, von der Küste Ulsters nach Schottland überzusetzen, als ins Landesinnere Irlands oder nach Dublin zu fahren. Das frühe gälische Königreich Dál Riata breitete sich über den Nordkanal aus und umschloss Nordostirland und Südwestschottland. Die schottische Grafschaft Argyll – Bonny Marys Heimat – machte einen großen Teil der schottischen Spitze von Dál Riata aus. So gab es auf beiden Seiten der Meerenge eine gemeinsame Kultur. Es überrascht auch nicht, dass das Christentum über Dál Riata nach Schottland kam, und Irland früher als der Norden Großbritanniens evangelisiert worden war – und dass der Begründer des schottischen Christentums, der Hl. Columba, von jenseits des Kanals stammte, wo heute Derry liegt.

Ulster war schon immer anders, und dieser Unterschied wurde durch die dramatischen Auswirkungen der englischen Ansiedlung (Plantation) im 17. Jahrhundert noch größer. Nach der Niederlage und Flucht ihrer gälischen Besitzer, wurden deren Ländereien der englischen Krone zugeschlagen und

mit Engländern und Schotten besiedelt. Das entscheidende Merkmal dieser Siedler war ihre Religion: sie waren Protestanten. Ganz Irland (und nicht nur das gälische Ulster) hatte die Reformation abgelehnt und blieb so als ein großer Bestandteil von Englands königlichem Herrschaftsbereich dem Katholizismus weiterhin treu.

So wurde aus der gälischsten, katholischsten und traditionell irischsten Provinz Ulster im 17. Jahrhundert die zerrissenste Provinz. Ihr traditionell gälischer Adel wurde nun durch Siedler ersetzt, die im Lauf der Zeit ein strenges Regiment führten, das dem der preußischen Junker in den deutsch-baltischen Provinzen nicht unähnlich war. Die Bevölkerung Ulsters war nun in unterschiedliche Religionszugehörigkeiten unterteilt, wobei die meisten Protestanten waren. Auch war sie im allgemeinen moderner als die der drei südlichen Provinzen, was Gesellschaft und Wirtschaft betraf.

Dies wurde auf grausame Weise in der Mitte des 19. Jahrhunderts deutlich. Von 1845 bis 1852 erlitt Irland eine große Hungersnot, die letzte große Existenzkrise in der Geschichte Westeuropas. Von über acht Millionen Menschen vor der Hungersnot blieben aufgrund von Tod, Krankheit und Auswanderung nach einem Jahrzehnt nur noch sechs Millionen übrig. Auch Ulster war, wie der Rest der Insel, von dieser Katastrophe betroffen, jedoch in geringerem Maße als die drei südlichen Provinzen. Der Grund hierfür war einfach: die industrielle Revolution.

Die Provinz hatte im 17. und 18. Jahrhundert den Aufbau einer blühende Leinenindustrie erlebt, und Mitte des 19. Jahrhunderts kamen Schwerindustrie und Urbanisierung hinzu. Die Bevölkerung Belfasts wuchs von circa 25.000 um 1800 auf mehr als 300.000 innerhalb eines Jahrhunderts. Schiffsbau, Textil- und Tabakwaren sowie Schwermaschinenbau beherrschten die spätviktorianische Wirtschaft des östlichen Ulster, das viel eher Teil des Wirtschaftslebens des nordwestlichen Großbritannien war, wie Lancashire und Schottland. Wieder richtete sich das Leben in Ulster nach dem aus, was jenseits des Meers geschah, statt landeinwärts auf den Rest Irlands zu sehen.

Vor allem war dies ein protestantisches und unionistisches Phänomen, denn die industriellen Kapitalisten und die Arbeiteraristokratie, die ihnen diente, gehörten dazu. In der Blütezeit des industriellen Ulster fand man Katholiken eher im ländlichen Süden und Westen der Provinz oder, im Fall jener Katholiken, die nach der Hungersnot zur Arbeitssuche in den industriellen Osten geströmt waren, in untergeordneten und relativ unqualifizierten Stellen. Sie schauten hoffnungsvoll auf die drei südlichen Provinzen, in denen ihre Mitgläubigen zunächst für die Unabhängigkeit von Großbritannien und später für die Trennung kämpften.

Als der Süden endlich diesen glückseligen Zustand erreichte, war der Preis die Trennung. Ulster Unionisten weigerten sich, in einem Staat mit überwiegend katholischer Bevölkerung zusammengefasst zu werden. Stattdessen war die Trennung die Lösung, mit der sich alle abfinden mussten. Aber nicht nur Irland, sondern auch Ulster wurde getrennt. Die Unionisten wollten nur die sechs Grafschaften, die ihnen dauerhaft eine interne Mehrheit garantierten. Alle neun Graftschaften zusammen hätten eine kleine nationalistische

Mehrheit gehabt, die natürlich sofort für den südlichen Staat gestimmt hätte.

Stattdessen wurde der Spieß umgedreht. Nun waren es die Katholiken in Ulster, die sich dem gegnerischen Lager ausgeliefert fühlten. Sie weigerten sich, sich der neuen nordirischen Verwaltung unterzuordnen, die sie als Bürger zweiter Klasse behandelte. In London war die souveräne Macht froh, auf diese Weise das unentwirrbare irische Durcheinander los zu sein, das ihre Politik so lange gestört hatte, dass sie bei der Diskriminierung der Katholiken ein Auge zudrückte, was in anderen Teilen des Vereinigten Königreichs nicht toleriert worden wäre.

Die internen Spannungen Nordirlands mündeten schließlich in die lang andauernden dramatischen Unruhen, deren Folgen hier kaum erläutert werden müssen.

Eingedenk all dieser Turbulenzen mag sich der Besucher über die Normalität in Ulster wundern. Bis zu einem bestimmten Grad gab es diese auch während der Unruhen. Parallel zu all dem Chaos existierte eine Zivilgesellschaft, die die Hoffnung aufrechterhielt und letztendlich belohnt wurde. Nordirland war nie mit Staaten wie dem Libanon oder Somalia vergleichbar. Und Besucher können nun in Friedenszeiten endlich wieder eine wirklich schöne Provinz mit freundlichen Bewohnern genießen. Es gibt kaum eine schönere Straße als die Antrim Coast Road von Larne nach Ballycastle. Derry ist eine Perle unter den Kleinstädten und auch Armagh ist wunderschön. Das Seeland von Fermanagh ist ein verborgenes Juwel. Es wird ihnen dort oben gefallen.

Der Giant's Causeway, Antrim.

Cushendun Bay an der wunderschönen Küste des County Antrim.

Giant's Causeway, eines der berühmtesten Naturphänomene Irlands, das vor 60 Millionen Jahren aus vulkanischem Basalt entstand. Samuel Johnson, der es nie gesehen hat, beschrieb es mit den famosen – wenn auch unrichtigen – Worten "sehenswert, aber nicht der Reise wert".

Bushmills Distillery in der gleichnamigen Kleinstadt beim Giant's Causeway, ist die älteste Brennerei Irlands und seit 1609 ununterbrochen in Betrieb.

▲ *Carrickfergus Castle, nördlich von Belfast, steht auf einem Felsvorsprung der nördlichen Küste von Belfast Lough. Es wurde im 12. Jahrhundert von John de Courcy gebaut, einem der unternehmungslustigeren frühen normannischen Kriegsherren. De Courcy baute hier auf der Grundlage dieser uneinnehmbaren Festung eine Art privates Reich auf. Selbst 800 Jahre später ist die Burg immer noch beeindruckend.*

Von der Küste Antrims aus sieht man an klaren Tagen Schottland. An der engsten Stelle trennen nur 19 Kilometer Wasser Irland vom Mull of Kintyre.

▲ Die neun Täler von Antrim
sind, zusammen mit dem
Giant's Causeway, die
auffälligsten Naturphänomene
der Grafschaft. Die neun Täler
gleiten vom Antrim Plateau
im Landesinnern, das bis
über 350 Meter ansteigt, ins
Land hinab, bis sie das Meer
erreichen. Sie haben eine
beeindruckende u-förmige
Landschaft gebildet.

▶

Der Strand von Ballycastle mit
Fair Head im Hintergrund. Bei
Fair Head in der nordöstlichen
Ecke Irlands, ist das irische
Festland Schottland am
nächsten.

Slieve Gullion in der Nähe zur irischen Grenze beherrscht die Landschaft im südlichen County Armagh. Auf diesem Berg liegt auch der gleichnamige große Waldpark.

Die Kleinstadt Armagh ist nach einem Ausspruch, der auf den Hl. Patrick zurückgeht, die kirchliche Hauptstadt Irlands. Ihr zentraler Kern ist ein kleines georgisches Juwel. Die anglikanische Kathedrale, die man hier in der Ferne sehen kann, wurde zum Herzstück einer ehrgeizigen Erschließung der Stadt im späten 18. Jahrhundert durch Erzbischof Robinson.

Die Grafschaft Armagh heißt auch Obstgartengrafschaft, und man erkennt rasch, warum. Sie ist berühmt für ihre Obstgärten, die eine freundliche Umgebung für ihre kleinen Landstraßen bilden. ▼

Das Einkaufszentrum in Zentrum von Armagh war ursprünglich Gemeindeland, das von Erzbischof Robinson in einen öffentlichen Gehweg verwandelt worden war. ▶

BELFAST

Das Rathaus von Belfast wurde während der ▶ industriellen Blüte der Stadt gebaut und 1906 fertiggestellt. Es repräsentiert die städtische und bürgerliche Zuversicht, steht es doch mitten im Zentrum auf dem Gelände der alten White Linen Hall.

Selbstbewusstsein ausstrahlende Architektur aus der viktorianischen Blützezeit im Zentrum von Belfast. ▼

Die Waterfront Hall in Belfast wurde von ▲ heimischen Architekten entworfen und entstand während der schlimmsten Jahre des Nordirlandkonflikts. Sie vermittelt den Eindruck bürgerlichen Selbstbewusstseins, das die Bewohner auch unter schwierigsten Umständen behielten.

Belfast bei Nacht. ▼

Das Belfaster Grand Opera House, ein Beispiel ▶
spätviktorianischer Launenhaftigkeit, hat
vielem widerstanden. Bomben, Mode- und
Geschmackswechsel und alles, was die Zeiten
so mit sich bringen, konnten ihm im Herzen
der Stadt und ihrer Bewohner nichts anhaben.

Die schweren Jahre der Unruhen haben
in Belfast das Gefühl von Stolz und
Selbstvertrauen gestärkt. Dieser Neubau
am Flussufer steht stellvertretend für viele
andere und zeigt, dass die Stadt der Zukunft
hoffnungsvoll entgegenschaut. ▼

Das Gebäude von Robinson & Cleaver im
Donegall Square gegenüber vom Rathaus war
einst das prachtvollste Kaufhaus in Belfast.
Ursprünglich hieß es Royal Irish Linen Warehouse
und öffnete 1888; sein Niedergang war schon
während der Unruhen vorauszusehen. Sie
wurden sein Verhängnis, und es schloss 1984
die Pforten. In seiner Glanzzeit, so Schätzungen,
stammte eins von drei Paketen, die von Belfast
ins Ausland gingen, aus diesem Geschäft. ▼

Moderne Stadtmöbel im
Zentrum von Belfast.
◀

Das Innere des ▶
Crown Liquor Saloons
gegenüber vom Grand
Opera House. Dieser
großartige Gin-Palast
wurde in seiner vollen
viktorianischen Pracht
wiederhergestellt und
gehört jetzt dem British
National Trust.

Newcastle im südlichen County Down mit dem imposanten Slieve Donard, dem höchsten der Mourne Mountains, im Hintergrund.

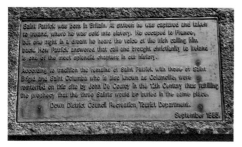

Diese Gedenktafel steht an der Stelle der Grabstätte des Hl. Patrick.

Killeagh ist eine Kleinstadt an der westlichen Küste des Strangford Lough. Sie liegt im Schatten dieses wunderschönen Schlosses, das das älteste bewohnte Schloss Irlands ist und sich in Privatbesitz befindet. Das ursprüngliche Gebäude stammt aus den 1660ern, die Türmchen und Verzierungen, die ihm etwas Exotisches verleihen, wurden Mitte des 19. Jahrhunderts hinzugefügt.

Friedhof mit anglikanischer Kirche in Downpatrick; angeblich liegt der Hl.

Newtonards befindet sich an der Spitze des Strangford Lough. Es wurde nach der Ards Halbinsel benannt, die die Ostseite des Sees bildet. In frühchristlichen und mittelalterlichen Zeiten standen hier Klöster. Die moderne Stadt stammt aus der Zeit der Plantage Ulsters im 17. Jahrhundert. Auf diesem Foto sieht man das beeindruckende Rathaus.

Strangford Lough ist ein langer Meereseinschnitt, der bis ins Herz des County Down, südöstlich von Belfast, vordringt. Es ist ein idyllischer Platz mit Sportbooten aller Art.

Der kleine Hafen mit Leuchtturm in Donaghadee, County Down, auf der Ards Halbinsel. ▼

Cavan ist die südlichste Grafschaft Ulsters und bildet im Süden die Provinzgrenze zu Leinster und im Westen zu Connacht. Ihre Landschaft wird, mit einer Seenkette, von Wasser beherrscht. Im nördlichen Teil der Grafschaft liegt das hübsche Dorf Butlersbridge, dessen gleichnamige Brücke auf dem Foto zu sehen ist. Das Flüsschen heißt Annalee und ist ein Nebenfluß des Erne, der in der benachbarten Grafschaft Fermanagh in die beiden großen gleichnamigen Seen mündet.

Die Shannon-Erne-Wasserstraße ist ein über 60 Kilometer langer Kanal, der den Shannon mit Lough Erne verbindet. Der Kanal, der Mitte des 19. Jahrhunderts gebaut wurde, war ursprünglich ein kommerzieller Misserfolg und verfiel mit den Jahren. Da er sich auf der Grenze zwischen Nordirland und der Republik befand, scheiterten Versuche, ihn zu erneuern, an der politischen Uneinigkeit. 1994 wurde er endlich für die Nutzung durch Sportboote wiederhergestellt.

Port Lake, in dessen Mitte sich St Mogue's Island befindet, ist einer der vielen Seen im County Cavan. Die Insel wurde nach einem Heiligen aus dem 6. Jahrhundert benannt, der aus dieser Gegend stammte.

Coleraine liegt nahe der Mündung des River Bann, des Flusses, der in den Lough Neagh, den größten Süßwassersee Großbritanniens und Irlands, mündet. Diese schöne Kirche und der Park sind ein Wahrzeichen der Stadt. In der Nähe von Coleraine befindet sich Mount Sandel, eine Stätte aus der Mittelsteinzeit, wo man früheste Zeugnisse der Besiedelung Irlands gefunden hat. Man schätzt die Entstehung der Stätte auf 5935 vor Christi Geburt.

Die Stadt Derry hat sich erstaunlich gut von den furchtbaren Jahren der Unruhen erholt, wie diese neue Brücke über die Foyle-Mündung zeigt. Bei Derry verwandelt sich der Foyle, ansonsten ein gemächlicher Fluss, plötzlich in eine breite Flussmündung. Die Stadt, die sich am westlichen Rand von Nordirland befindet, nur unweit von der Grenze zur Republik entfernt, war 2013 Kulturhauptstadt Großbritanniens.

Derry hat als letzte Stadt in Europa eine umlaufende Wehrmauer errichtet, die es immer noch gibt. 1689 stand die Bevölkerung innerhalb der Mauern tapfer für Williams Sache ein und überstand 105 Tage lang eine Belagerung durch die Jakobiter. Wie dieses alte Bild beweist, befinden sich noch Teile der Artillerie in den Mauern.

Die Straßen innerhalb der Mauern sind in einem Kreuzraster angelegt, in dessen Mitte sich der Hauptplatz (Diamond) befindet. In seiner Mitte wiederum erinnert das Kriegerdenkmal an heimische Männer, die in den beiden Weltkriegen ihr Leben ließen.

DERRY

Die Straßen innerhalb der Mauern sind in einem Kreuzraster angelegt, in dessen Mitte sich der Hauptplatz (Diamond) befindet. In seiner Mitte wiederum erinnert das Kriegerdenkmal an heimische Männer, die in den beiden Weltkriegen ihr Leben ließen.

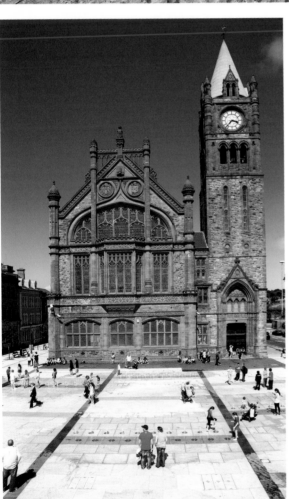

Die Shipquay Street in Derry verläuft bergauf vom Shipquay Gate am Wasser innerhalb der Mauern bis zum Hauptplatz auf dem Berg.

Die Guildhall, vermutlich das bekannteste Gebäude der Stadt, steht etwas außerhalb der Mauern, neben dem Shipquay Gate. Seit ihrer Eröffnung 1890 war sie das Zentrum bürgerlichen Lebens in Derry.

Derry außerhalb der Mauern. Das moderne Derry befindet sich zum größten Teil außerhalb der alten Wehrmauer und erstreckt sich über den Fluss zum Ostufer.

DONEGAL

▲ *Obwohl Donegal die nördlichste Grafschaft Irlands ist, gehört auch sie zur Republik. Malin Head wiederum ist die nördlichste Stelle der Grafschaft und des ganzen Landes.*

Fort Dunree bei Buncrana auf der Inishowen Halbinsel liegt im County Donegal zwischen Lough Foyle, der Flussmündung unterhalb Derrys gen Osten, und Lough Swilly, einem Zufluss des Atlantiks im Westen. Das heißt, dass Inishowen vom Rest des Lands halb abgetrennt ist. ▶

Doe Castle nahe Creeslough im Norden des County Donegal ist eine ehemalige Festung des Sweeney Klans. Es liegt auf einer kleinen Landzunge, von drei Seiten vom Wasser umgeben und mit einem Wehrgraben zur Landseite. Die Festung stammt aus dem 16. Jahrhundert. ▼

Mount Errigal, der höchste Berg Donegals und das Wahrzeichen der Grafschaft. Donegal ist bei Touristen beliebt; nicht zuletzt bei Besuchern von jenseits der Grenze aus Nordirland. Seine raue Schönheit und herrliche Küste machen ihn zu einem Paradies, besonders bei Sommerwetter.

Doe Castle in north Co. Donegal.

DONEGAL

Greencastle ist eine attraktive Stadt an der ▶
Ostküste der Inishowen Halbinsel. Auf dem
Foto sieht man das Maritime Museum und das
Planetarium.

▲ Culdaff, ein Dorf auf der Inishowen Halbinsel,
ist für seine Strände bekannt. Die Strände in
Donegal sind atemberaubend und deutlich
weniger bevölkert als jene weiter südlich.

Grianan of Aileach ist eine beeindruckend gelegene
Wallburg aus dem späten Bronzezeitalter oder der
frühen Eiszeit. Man findet sie westlich von Derry im
Osten Donegals. Sie dominiert die Blicke auf Lough
Swilly und Foyle und war eine Verteidigungsanlage
von fast 64 Metern Durchmesser. Ein grianan war
ein Sommerhaus – grian ist das irische Wort für
Sonne –; dieses bauten vermutlich die gaelischen
Könige, und es war später als Aileach bekannt. ▼

The Rosses sind ein begrenztes Gebiet an der ▲
zentralen Küste Donegals, das ungefähr vom
Dorf Gweedore im Norden zum Dorf Glenties
im Süden verläuft, mit der Stadt Dunglow im
Zentrum. Es ist ein besonders schöner Bereich
einer ebenso schönen Grafschaft.

DONEGAL

Glencolumbkille im äußersten Südwesten vom County Donegal ist eine kleine Gemeinde mit atemberaubenden Meeresansichten und einer imposanten Küste.

Donegal Castle in der Stadt Donegal im Süden der Grafschaft war tausend Jahre lang Hauptsitz des O'Donnell-Klans, der Herren von Tír Conaill (später angliziert zu Tyrconnell und noch später umbenannt in Donegal). Bis zum Zusammenbruch des gälischen Irlands angesichts der Unterwerfung durch die Elisabethaner und Jakobiner um 1600 war dies eins der stärksten Machtzentren im gälischen Irland und ohne einen Herausforderer in diesem Bereich der Insel.

Glengesh Pass im Südwesten des County Donegal.

DONEGAL

Der zentrale Platz in vielen Städten Ulsters heißt Diamond, so auch hier in der Stadt Donegal.

Diese großartigen Felsen bei Slieve League an der Südwestküste Donegals gehören zu den schönsten und imponierendsten Westeuropas.

Wieder ein märchenhafter Strand in Donegal; diesen findet man bei Narin und es ist einer der besten...

...und noch einer! Five Finger Strand auf der Inishowen Halbinsel. Könnten wir nur hier sein!

121

FERMANAGH

Wie der Nachbar Cavan jenseits der Grenze, so ist auch das County Fermanagh Seeland. Im Gegensatz zu Cavan handelt es sich hier jedoch nicht um ein Zusammenspiel kleinerer Seen, sondern um eine Grafschaft, die von zweien dominiert wird – oder richtiger von einem. Die beiden Teile des Lough Erne, der obere und untere See (der untere liegt, wie immer in Irland, näher am Meer), sind das Merkmal der Grafschaft und teilen sie nachdrücklich. Diese außergewöhnliche Steinskulptur eines janusgesichtigen Götzen steht auf dem Friedhof von Caldragh auf Boa Island, das im unteren See liegt. Die Skulptur, deren Bild sich auf beiden Seiten gleicht, stammt aus der Eisenzeit.

Der Innenhof von Castle Archdale an den Ufern des unteren Sees ist ein klassisches Plantage-Haus. Es steht am Rand der westlichen Ausdehnung der Ulster-Plantage, die Fermanagh schon immer etwas von einer Grenzkultur verlieh.

Florence Court, ebenfalls im County Fermanagh, gehörte zu den größten irischen Landhäusern und ist ein steinernes Symbol des frühen irischen Klassizismus. Eigentlich war es europäischer Klassizismus – nicht nur beim Stein, sondern auch bei der landschaftlichen Gestaltung –, der an den westlichen Rändern englischer und anderer europäischer aristokratischer Siedlungen Einzug hielt. ▼

Der Blick auf Florence Court.

Enniskillen Castle beherrscht die Kreisstadt Fermanagh am südlichen Ende des unteren Sees. Es war ursprünglich die Festung des gälischen Maguire-Klans und wurde ab dem frühen 17. Jahrhundert von der Familie Cole, einer der wichtigsten Plantagenfamilien im County Fermanagh, umgebaut.

Devenish Island im Lower Lough Erne. Hier hatte im 6. Jahrhundert der Hl. Molaise ein Kloster errichtet. Es hatte ursprünglich zwei Rundtürme, von denen einer noch existiert und auf diesem Foto zu sehen ist. In spätmittelalterlicher Zeit gab es hier ein Augustinermünster, einen idyllischen Ort, an dem man die Gelübde der Entsagung ablegen und für die Rettung der Menschheit beten konnte.

Tyrone ist die zentrale Grafschaft Ulsters im Landesinnern und die flächenmäßig größte Grafschaft Nordirlands. In gälischen Zeiten war sie Kernland des O'Neill-Klans. Nach dem Zusammenbruch des gälischen Irlands am Ende des 16. Jahrhunderts wurde sie eine der Plantage-Grafschaften. Ihr vornehmlich topographisches Merkmal ist die Hochfläche, bekannt als Sperrin Mountains. Hier sieht man eine ihrer schönsten Landschaften, Glenelly Valley.

TYRONE

Im Westen vom County Tyrone findet man ein interessantes Beispiel aufgeklärter industrieller Stadtplanung – was in Irland eher ungewöhnlich ist. Sion Mills ist eine Stadt, die durch ihr Leinen bekannt ist, ein Gewerbe, das in der Provinz Ulster sowohl vor als auch während der industriellen Revolution blühte. Mitte des 19. Jahrhunderts gründeten die Herdman-Brüder James, John und George hier eine Mühle am Ufer des River Mourne. Sie bauten auch ein Dorf für ihre Arbeiter. Das Foto zeigt Herdman's Mill, den Mittelpunkt des Dorfs.

Eine Kate im Ulster–American Folk Park in der Nähe von Omagh, der Kreisstadt von Tyrone. Der Park steht für die engen Verbindungen zwischen Ulster, den Vereinigten Staaten und den Millionen von Amerikanern, die Anspruch darauf erheben können, von Auswanderern früherer Zeiten aus Ulster abzustammen.

Lough Neagh streift fünf der sechs Grafschaften Nordirlands und ist der größte Süßwassersee der britischen Inseln. Laut Aufzeichnungen fror der See in den Wintern der Hungersnot von 1940 und 1941, als es die niedrigsten Temperaturen seit Beginn der Aufzeichnungen gab, so fest zu, dass die Menschen von der einen auf die andere Seite laufen konnten – vom County Tyrone nach Antrim.

MONAGHAN

Das Stadtzentrum von Monaghan, der wichtigsten Siedlung in der gleichnamigen Grafschaft. Obwohl die Grafschaft zu Ulster gehört und an Cavan und County Louth (in Leinster) im Süden grenzt, hat sie sich eher nördlich orientiert. Ihr nördlicher Teil ist im Grunde eine Schräge, die sehr weit nach Ulster vorstößt, bis zum County Tyrone. Dennoch gehört sie zur Republik, da ihre katholischen Bewohner mehrheitlich Nationalisten waren, als die Teilung von Irland 1920 beschlossen wurde und konfessionelle Zugehörigkeit das entscheidende Kriterium für die politische Einteilung war.

Ländliche Szene im County Monaghan.

CREDITS

Für die Erlaubnis zur Vervielfältigung von Fotos erkennt der Verlag dankbar Folgendes:

© Alamy: 76TR; Alamy/AM Stock: 72TL; Alamy/
David Lyons: 39T; Alamy/Design Pics Inc:
39BR; Alamy/George Munday: 43C; Alamy/
incamerastock: 20B; Alamy/Maurice Savage: 28T;
Alamy/National Geographic Image Collection:
73C; Alamy/NiKreative: 56CR; Alamy/Robert
Harding Picture Library Ltd: 76TL; Alamy/
Sarah Hadley: 72B; Alamy/scenicireland.com/
Christopher Hill Photographic: 56TR, 69TR; Getty
Images/Chris Hill: 72TR; Getty Images/DEA/G.
DAGLI ORTI: 39BL; Getty Images/Design Pics/Ken
Welsh: 57B; Getty Images/Dori Oconnell: 57T;
Getty Images/Joe Cornish: 76B; Getty Images/
Panoramic Images: 43B; Getty Images/Trish
Punch: 56BL; Michael Diggin: 10TL, 10TR, 21C,
22T, 22C, 22BR, 22BL, 36T, 36C, 38T, 38BL, 40T,
40BL, 40BR, 41B, 41T, 42T, 58B, 58T, 59TL, 59TR,
59B, 60T, 60C, 60B, 61B, 68CR, 68CL, 68T, 68B,
70B, 70CR, 73T, 82TL, 82CR, 97T, 97B, 101, 102 -
103, 104T, 104B, 105T, 105B, 106T, 106B, 107T,
107BL, 107C, 107BR, 110T, 110CR, 110CL, 111B,
112B, 112T, 113B, 113T, 114T, 114CL, 124 - 125,
126T, 126C, 126B, 127T, 127B; Peter Zoeller: 1,
2 - 3, 9, 10B, 11T, 11C, 11B, 12T, 12B, 12L, 13T,
13C, 13B, 14T, 14B -15B, 15TL, 15TR, 16, 16C,
17B, 17T, 18B, 18T - 19T, 19B, 20T, 21T, 21B, 23,
24, 25T, 25CL, 25R, 25B, 26T, 26BL, 26BR, 27T,
27BL, 27BR, 28C, 28B, 29T, 29B, 30T, 30B, 31T,
31B, 32T, 32C, 32B, 33T, 33B, 34, 35T, 35C, 35B,
36B - 37B, 37TR, 37TL, 37C, 38BR, 42B, 43T, 47,
48T, 48B, 49BR, 49T, 49BL, 50B, 50T, 51TR, 51TL,
51B, 52TL, 52TR, 52B - 53B, 53T, 53C, 54, 55T,
55B, 55C, 56TL, 61TR, 61TL, 62T, 62BL, 62BR -
63B, 63C, 63T, 64T, 64B, 65T, 65B, 65C, 66, 67C,
67T, 67CL, 67B, 69B, 69CL, 70T, 70CL, 71TL, 71B,
71TC, 71TR, 71C, 73B, 74T, 74C, 74B, 75B, 75T,
77TR, 77TL, 77B, 81, 82B, 83B, 83T, 84, 85T, 85C,
85B, 86T, 86B, 87TL, 87TR, 87B, 88T, 88C, 88B,
89T, 89BL, 89BR, 90T, 90B, 91T, 91C, 91B, 92R,
92L, 93B, 93C, 93T, 94T, 94B, 95B, 95T, 96T, 96C,
96B, 108T, 108TL, 108B, 108CR, 109T, 109CL,
109CR, 109BL, 109BR, 110B, 111C, 111T, 114BL,
114BR, 115T, 115CR, 115BR, 115BL, 116T, 116CR,
116B, 117R, 117L, 118TR, 118TL, 118B, 118CR,
119T, 119B, 119C, 120T, 120B, 121T, 121B, 122T,
122CL, 122BL, 122BR, 123T, 123B.